La belleza es verdad y la verdad belleza.
Es todo lo que necesitas saber en la tierra.

John Keats

Senté
a la belleza
para injuriarla,
pero ebria y sorda se ha dormido
en mis rodillas.

Tomás Salvador González

Dirección editorial:	Héctor Escobar
Director de la colección:	Gustavo Martín Garzo
Fotografía de cubierta:	José Ramón Vega
Diseño de la colección:	Miguel Riera
Maquetación:	Alberto R. Torices

ISBN: 978-84-10057-85-2

Dep. Legal: Le. 39-2025

Impreso en España — Printed in Spain

José Muñoz Albaladejo
La belleza de **la ausencia**

De la belleza (25)

José Muñoz Albaladejo

La belleza de **la ausencia**

EOLAS EDICIONES

A mis padres

ÍNDICE

EL CONCEPTO

La ausencia es una víscera. Y no posee lugar exacto puesto que, efectivamente, se trata de la misma ausencia. Pero el lugar ausente de la ausencia, sin embargo, palpita, saliva y existe. Está y está vivo. La ausencia conduele, clama, desconsuela y, en consecuencia, manifiesta el malestar de su ser.

Vicente Verdú, *La ausencia*

Existe en alemán una palabra, *Sehnsucht*, cuyo origen se remonta al romanticismo decimonónico y que no tiene traducción exacta al castellano. Quizá el término más parecido que podríamos encontrar en nuestro idioma sería anhelo, pero esa traducción es incompleta, imprecisa. La escritora María Gainza, en su novela *La luz negra*, se apoya en C. S. Lewis para definir esta palabra como «anhelo por alguna cosa intangible»[1]. Inmediatamente después, acude de nuevo al escritor británico para señalar que este definió el término

1 María Gainza, *La luz negra*, Barcelona, Anagrama, 2018.

como «la búsqueda inconsolable de algo que no sabemos qué es». Se trata, en el fondo, de una especie de nostalgia hacia lo inconcreto, hacia lo indefinido. Algo que no es necesariamente material y cuya temporalidad es solo contingente. En otras palabras, podríamos decir que estamos ante algo que puede no estar ubicado, no ya en ninguna parte, sino en ningún tiempo. Nostalgia hacia aquello que no está, hacia aquello que no es y que tal vez nunca haya sido ni estado.

Ese término alemán, ese anhelo inmaterial, confuso, impreciso, esa nostalgia inclasificable cuyo objeto es inexistente e intemporal, se opone en cierto sentido al concepto de ausencia. Porque la ausencia es una experiencia vívida que versa sobre lo concreto, incluso aunque esa concreción sea inefable o sus límites difusos. La ausencia es algo que sentimos, que padecemos. La ausencia nos duele porque su percepción implica todavía el anclaje a una cierta materialidad. Eso sucede porque la ausencia es siempre presencia. Pero una presencia omitida.

Decía Henri Lefebvre que la variedad de las presencias es infinita: «puede ser una persona, una cosa, o varias personas, o un lugar, o un edificio, o una música, o un acontecimiento»[2]. La ausencia, como consecuencia, puede generarse de infinitas formas, pero en el fondo siempre es una: siempre es la negación de una presencia anterior; siempre es, por tanto, no-presencia. Donde antes no había nada no podrá nunca haber ausencia. Solo está ausente aquello que una vez fue, aquello que una vez estuvo presente, aquello que una vez fue presencia. En este sentido, el sentimiento de ausencia solo puede estar dirigido hacia algo que una vez existió, y cualquier cosa que diste de eso no será más que *Sehnsucht*. Así, la ausencia conlleva, necesariamente, el recuerdo de esa presencia pretérita. Por eso lo opuesto de la ausencia no es la presencia; en todo caso, sería el olvido. «La presencia y la ausencia no pueden concebirse como la doble cara, el anverso y el reverso, de un mismo hecho mental (o social, o natural)»[3], dirá de nuevo Henri Lefebvre.

....

2   Henri Lefebvre, *La presencia y la ausencia. Contribución a la teoría de las representaciones*, México D.F., Fondo de Cultura Económica, 1983, pp. 260-261.
3   Henri Lefebvre, *op. cit.*, p. 255.

A pesar de todo, el olvido podría ser considerado también como otra forma más de ausencia: una ausencia de cualquier tipo de recuerdos. Una suerte de ausencia absoluta. La nada en la que nos convertimos cuando nos marchamos del todo. Héctor Abad Faciolince tituló a su novela más personal *El olvido que seremos*. El título proviene de un poema atribuido a Borges cuyo primer verso reza que «ya somos el olvido que seremos». En nuestra propia presencia está ya contenida la potencialidad del olvido que algún día llegaremos a ser. Pero entre el olvido que seremos y la presencia que todavía somos se oculta un limbo de solidez dudosa y de duración indeterminada. Ese limbo es la ausencia. La ausencia aparece cuando ya no somos pero todavía no hemos dejado de ser. Presencia y ausencia suceden de modo simultáneo, aunque la segunda siempre parece abarcar más que la primera: sobrevive cuando la otra se va. Somos a la vez presencia y ausencia. Presencia para nosotros mismos, para quienes están a nuestro alrededor, pero ausencia para los que hemos dejado atrás o están lejos. Y luego, previo paso al olvido, la presencia se retira para dar entrada a la ausencia, una ausencia que ocupa todo el espacio y se mantiene flotando en el tiempo mientras se va haciendo cada vez más y más frágil, más liviana, menos visible. Y, a medida que ella desaparece, vamos muriendo también nosotros por segunda vez.

El concepto de ausencia proviene del latín *absentia*, y nuestro diccionario la define de múltiples formas. La ausencia puede ser la acción y el efecto de estar ausente, pero también puede referirse al tiempo en que alguien lo está o a la privación o falta de alguna cosa. La ausencia es, por tanto, la no presencia de alguien o de algo. Cuando una persona brilla por su ausencia lo hace porque no se encuentra donde debería. Más allá de sus acepciones oficiales, la ausencia es ese sentimiento o emoción que nos invade cuando notamos la no presencia de un ser querido, su distancia, su desaparición, pero también cuando recordamos un momento pasado que ya no volverá, una anécdota que rememoramos con afecto, un antiguo minuto de calma en medio de cualquier tormenta. La ausencia es una herida que se niega a cicatrizar, y ausencia es también lo que siente quien se encuentra solo. La ausencia son todas aquellas personas que, en forma de lágrimas, se ocultan bajo los párpados cuando tratamos de evocar un tiempo ya caduco. A veces, sin pretenderlo, sucede que nos instalamos en la ausencia y esta nos acaba envolviendo por completo, y entonces ya no sabemos cómo salir de ahí.

En ocasiones, el sentimiento de ausencia puede llegar a parecerse mucho a la nostalgia, hasta el punto de que los límites entre ambos términos resultan ser casi imperceptibles. Tal vez la imposibilidad de distinguirlos de una forma clara y precisa sea fruto de las limitaciones de nuestro lenguaje, aunque, en realidad, quizá no importe demasiado si logramos realizar o no dicha distinción, porque lo cierto es que ausencia y nostalgia parecen ir siempre de la mano. El poeta Mahmud Darwish define la nostalgia como «la conversación del ausente con el ausente, la atención de lo lejano a lo lejano»[4]. La nostalgia aparece cuando, al invadirnos el sentimiento de ausencia, sufrimos la necesidad de retomar los lazos con esas otras ausen-

4 Mahmud Darwish, *En presencia de la ausencia*, Valencia, Pre-Textos, 2011, p. 133.

cias que quedaron atrás, que están lejos y que, de una forma u otra, siguen doliendo.

Cuando lo utilizamos en nuestro día a día, el concepto de nostalgia suele dirigirse hacia el pasado, hacia el tiempo perdido o anterior. Las expresiones nostálgicas a menudo van vinculadas con el anhelo, con la pena, con la tristeza. La nostalgia implica el deseo de recuperar algo difícilmente recuperable, pero no tiene por qué ocurrir lo mismo cuando hablamos de la ausencia, pues esta no siempre incluye, de manera necesaria, a la pena o a la tristeza. Algunas veces sucede que el sentimiento de ausencia se manifiesta a través de una sonrisa, de la imagen de un momento que nos alegramos de haber vivido. Lamentamos no estar con esa persona cuya presencia añoramos ni poder revivir esos antiguos momentos felices, pero los rememoramos con una cierta alegría, como si en ellos pudiésemos reencontrarnos con nosotros mismos. A diferencia de la nostalgia, la ausencia también tiene, en ocasiones, la capacidad de calmarnos, de darnos paz. Esto último puede suceder en esas ocasiones en las que los ausentes son aquellos que, en el pasado, nos hicieron daño. Aunque el dolor permanezca en nosotros como heridas de guerra permanentemente abiertas, la ausencia de esas personas nos permite aportar a nuestra vida un pequeño remanso de consuelo o de satisfacción que, antaño, nos habría parecido impensable. A su vez, la ausencia es también presente y se vive desde el presente, como cuando sentimos la no-presencia de quienes deberían estar ahí pero no lo están. Esto es lo que ocurre durante el transcurso de una guerra, que fragmenta el presente de quienes la viven, desde dentro o desde fuera, con un golpe seco y repentino que transforma la presencia en ausencia en un mísero instante de tiempo. Aunque ausencia y nostalgia sean términos en muchos casos intercambiables, la primera siempre ocupa más espacio que la segunda, la trasciende.

El concepto de ausencia también comparte raíz con el de esencia. Ambas provienen del verbo *esse*, ser. En filosofía, la esencia puede definirse como aquello que hace que las cosas sean lo que son, aquel elemento inmaterial, intangible, que permanece a pesar de los cambios. La ausencia, por el contrario, se refiere a la privación del ser, a lo que no está ahí, bien porque está en otro lado, bien porque ya estuvo antes. Frente a ella, la presencia sería la cualidad de aquello que está delante, que está ahí. Así, el concepto de ausencia no solo evoca una presencia anterior, sino que también remite, en cierto sentido, al concepto de esencia, puesto que la ausencia refiere necesariamente al ser, incluso aunque ese ser ya no esté presente. Pero si la esencia es aquello que permanece, ¿cuál es la esencia de la ausencia? ¿Qué permanece en aquello que se volatiliza, se dispersa y se difumina a medida que el tiempo transcurre? ¿Qué se mantiene inalterable en aquello que, sin llegar a caer en la nada, es no-ser? Tal vez, paradójicamente, la esencia de la ausencia no sea más que la presencia, esa presencia anterior a la que la ausencia siempre alude, a la que la ausencia debe su razón de ser.

A veces también pasa que la ausencia puede convertirse en la esencia de algo. Quizá sea eso lo que ocurra con los espacios vacíos, con los lugares abandonados, con las ruinas que ocupan los terrenos en los que antes se levantaron ciudades, pueblos, hogares; también con los monumentos que sirven para honrar la memoria de los fallecidos, con los cementerios, con las cruces y las coronas de flores que se colocan en los puntos más impensados de nuestras calles, nuestras ciudades y nuestra geografía. Son espacios que definen su naturaleza por la ausencia que en ellos (no) observamos. Hablamos de espacios que se han transformado en lugares de pura ausencia.

Si decidiésemos etnografiar la ausencia, dos serían los escenarios a los que acudiríamos a buscarla casi sin pensarlo: primero, a las viejas fotografías de aquellos seres amados ya desaparecidos; segundo, a los lugares abandonados. Cuando prestamos atención a los reportajes fotográficos realizados en algunos de estos lugares, que en ocasiones son pueblos o ciudades enteras, lo primero que parece venirnos a la mente es siempre lo mismo: que son espacios vacíos que una vez, hace ya mucho tiempo, estuvieron habitados. En ellos, la ausencia se hace presente y lo invade todo, lo inunda y lo empapa, fluye por todos sus rincones y arrasa con todo lo que encuentra a su paso. La ausencia se ha apoderado del espacio y lo ha hecho suyo. Las paredes mohosas, los mesas roídas, los juguetes sucios de los niños, las bicicletas abandonadas con las ruedas pinchadas, el polvo y las telarañas de las esquinas, la hierba abriéndose paso entre las calzadas de asfalto resquebrajadas; todo, absolutamente todo está salpicado por esa ausencia perpetua que se apodera siempre de estos espacios desiertos, desamparados, huérfanos de una presencia viva que evite su vaciamiento.

Contar la ausencia, expresarla, manifestarla, tampoco resulta una tarea sencilla. De nuevo Henri Lefebvre dirá que no podemos, de ningún modo, representar la ausencia, pues la mera representación ya llena los vacíos de los que la ausencia se compone[5]. A través de las imágenes, estáticas o en movimiento, lo que hacemos no es acceder directamente a la ausencia, sino a las presencias adyacentes que la generan. Tratamos de representar la ausencia a través de lo que hay, de lo que vemos, de lo que presenciamos. Y en esos escenarios singulares repletos de presencias, no *vemos* la ausencia, puesto que esta es, en sí misma, un vacío; y, como tal, no está hecho de materia. La ausencia no se puede ver, no se puede tocar, no puede ser percibida. Pero está ahí, es una emoción que se siente, que se vive. Cualquier representa-

<hr>

5   Henri Lefebvre, *op. cit.*, p. 257.

ción de la ausencia, cuando es literal, lo que hace es negarla; y, cuando no lo es, tan solo es capaz de mostrarla a través de los huecos que permanecen sin llenar entre una presencia y otra que, en cualquier caso, no son la ausencia que pretendemos representar, sino las presencias que la colindan. Pero la presencia ausente que nos importa, aquella que pretendemos invocar, nunca se hace visible. Y aun así, sin llegar nunca a verla, no logramos jamás dejar de mirarla. La ausencia se evoca a través de la imagen de esos lugares abandonados de los que hablábamos antes, pero también a través de la fotografía de un gesto quebrado, de un rostro hundido, del reflejo de una mirada introspectiva, perdida, vencida: ausente. A través de los vacíos que la definen, la ausencia logra hacerse presente. Pero lo que representamos en esas imágenes no es la ausencia, sino el vacío que dejan las presencias descarriadas: la soledad, el abandono, el desamparo; y, a partir de ahí, rememoramos la ausencia sentida, y lo hacemos además desde nuestra propia experiencia de ella. Y eso la hace todavía más grande, porque su recuerdo la magnifica, la vuelve cada vez más intensa, más dolorosa.

La ausencia puede llegar a aparecer incluso aunque estemos rodeados de gente. De repente, en medio de una conversación, se puede aludir a los muertos y traer a colación el recuerdo de su ausencia, pero también podemos ser nosotros mismos los que nos sintamos ausentes, fuera de sitio. Sentir la propia ausencia es igual que verse invadido por la soledad, por la tristeza. Nos sobreviene un repentino distanciamiento con respecto a los otros que no es autoimpuesto, pero que sucede. Nos sentimos ausentes porque nos sentimos espiritualmente lejos, en otra parte, como si pudiésemos vernos a nosotros mismos en tercera persona. Una vez escribí un cuento en el que su protagonista se sentía tan ausente del mundo que, de repente, decidió abrir una especie de brecha en el universo para dedicarse simplemente a observar. Abrir una brecha significaba situarse ontológicamente en otro lugar, situarse más allá de todo lo existente, en una especie de cámara oscura desde la que se pudiese, sin ser visto, observar a todos los habitantes del planeta. Como si la persona que se ubicase allí se transformase de golpe en una variedad de voyeur omnipresente, en alguna clase de dios que, desde ese rincón situado en ninguna parte del mundo, pudiese mirar la realidad sin prejuicios adquiridos, sin determinaciones, sin condicionamientos, sin categorías. Mirarla más allá del espacio y del tiempo: la realidad a priori.

En el relato *El Aleph*, de Jorge Luis Borges, el Aleph es un punto en el universo que permite observar la totalidad del mundo a quienes miran a través de él. La totalidad del pasado, del presente, del futuro; todo. Ese punto es, de hecho, una especie de brecha, una apertura desde la que alcanzar el conocimiento absoluto, que es aterrador, capaz de hundir en una ausencia profunda a quienes hayan decidido utilizarlo. Imagínense ahora que esa brecha es lo suficientemente grande como para que una persona pueda atravesarla, como si fuese una puerta hacia lo desconocido. Imagínense entonces que alguien, en vez de mirar por esa brecha, decide cruzarla. Cruzarla e instalarse en ella, al otro lado. Ese alguien estaría más allá de todo espacio, más allá de todo tiempo. Ese alguien estaría habitando la nada. Pero fuera del espacio y del tiempo, ¿qué es la existencia?

Aquel cuento, por cierto, acabó en la basura.

LA EXISTENCIA

La ausencia es una realidad negativa. Vivir la ausencia es vivir aquello que ya no está. Un cuerpo ausente es un cuerpo que no es, que no vive, que no existe incluso aunque sea capaz de moverse. En el año 1927, el compositor alemán Gottfried Huppertz, encargado de crear la banda sonora de la película *Metrópolis*, decidió escribir para la escena inicial de la misma una pieza musical que transformase la entrada de los trabajadores en la fábrica en una marcha fúnebre. Y lo consiguió: como si fuesen autómatas perfectamente programados, los cientos de obreros del turno de noche se cruzan con los cientos de obreros del turno de día a las puertas de la fábrica, caminando todos ellos al unísono, con la cabeza agachada y sin ningún tipo de gesto que los distinga entre sí. Lo único que altera la escena es un fuerte pero breve cambio de ritmo en la música que indica el momento exacto en el que se inicia el turno de los trabajadores, que se mantienen impasibles a pesar de todo. Son presencias ausentes que, indistinguibles las unas de las otras, caminan sin descanso hacia la falta de sentido, hacia la nada.

«La nada engendra la angustia»[6], escribió el filósofo danés Sören Kierkegaard. La angustia es una emoción que, oculta a los demás, surge en nuestro interior para recordarnos los límites de nuestra propia existencia. La angustia es una ausencia, una carencia, un agujero. La angustia es, dirá de nuevo Kierkegaard, el vértigo de la libertad, «un vértigo que surge cuando la libertad echa la vista hacia abajo por los derroteros de su propia posibilidad, agarrándose entonces a la finitud para sostenerse»[7]. La angustia surge del vacío, de la nada, pero tam-

....

6 Sören Kierkegaard, *El concepto de la angustia*, Madrid, Alianza, 2007, p. 87.
7 Sören Kierkegaard, *op. cit.*, p. 118.

bién del miedo al error, de la desesperación, de la conciencia de la propia insignificancia, de la falta de sentido, de la pregunta por el devenir.

A raíz de la entrada en escena en el debate filosófico del concepto de angustia, desde el pensamiento existencialista se intensificó todavía más la búsqueda de un significado vital que permitiese justificar, de alguna manera, nuestra propia existencia, nuestra propia presencia en el mundo. Así, desde esta corriente de pensamiento se comenzó a diferenciar entre la existencia auténtica y la existencia inauténtica, conceptos que, a pesar de ser utilizados por Heidegger, fueron variando ligeramente y adoptando nuevos nombres en función del autor que los abordase. Dichos conceptos pueden sernos útiles a la hora de hablar del pensamiento de Kierkegaard.

Según Kierkegaard, solo a través de una vida religiosa podemos dejar atrás la angustia existencial que a todos nos alcanza en algún momento y comenzar a existir auténticamente. Atrás habrán quedado la vida estética, dedicada al placer, y la vida ética, dedicada a los otros, que siempre acababan llevándonos a la desesperación, es decir, a la angustia. La ausencia de Dios, por tanto, llevaría a Kierkegaard a permanecer siempre anclado a la más absoluta de las ausencias, que es la nada vital. Sería lo mismo que afirmar la imposibilidad completa de la presencia. Eso es, en el fondo, similar a vivir una existencia inauténtica. En otras palabras: inexistir. No ser nunca presencia, no haberlo sido, no llegar a serlo jamás. Peor aún: ser presencia vacía, hueca. Sin embargo, es la esperanza de la presencia de Dios, aunque sea una presencia ausente, la que permite a Kierkegaard existir auténticamente.

Heidegger, en cambio, se aleja de las posiciones teístas de Kierkegaard y equipara la existencia inauténtica con la de aquellas personas que, lejos de tomar sus propias decisiones, deciden camuflarse en la masa para evitar de este modo enfrentarse a la aceptación de la muerte como posibilidad final, para evitar la angustia que provoca la libertad, a diferencia de lo que hacen aquellos que existen auténticamente, algo que solo es posible cuando nuestra conciencia, tras saberse mortal, asume que es ella misma la que ha de construir libremente y por sí sola su propia esencia.

Es la conciencia de la muerte, su aceptación, la que nos permite ser presencia en cada instante, dotar a nuestra presencia de sentido. Porque, al final, todo tiene que ver con el sentido, con el significado que otorgamos a nuestras acciones, a nuestra vida, a nuestro ser. En el fondo, las formas de existencia inauténtica planteadas por estos dos autores no son más que reflejos de lo que sería vivir una vida siendo una pura ausencia. Es lo mismo que Simone de Beauvoir definiría como caer en la inmanencia, como ser cosa, como el ser-en-sí de Sartre. Que, en realidad, no es más que no-ser: es ser ausencia mientras se es una presencia solo material, un cuerpo que está, pero que no es. Frente a ello, aparece también el deseo de trascender, de ir más allá: de ser un ser-para-sí. El deseo, en definitiva, de no ser ausencia sino presencia. Que es lo mismo que el deseo de ser, de existir. Y el miedo a la angustia, el temor a que esta nos absorba por completo, no es más que el reflejo del pavor que nos produce la ausencia de sentido. La angustia por no dejar huella, la angustia por el abismo que supone el olvido, la angustia que nos provoca no sabernos inmortales, no ser siempre una presencia continua.

El concepto de existencia auténtica será transformado por Viktor Frankl en lo que él denomina «voluntad de sentido». A través de este término, Frankl trata de expresar esa preocupación existencial que poseen los seres humanos ante su vida, la preocupación que nos invade a la hora de intentar asignarle un sentido vital a nuestra existencia, es decir, a nuestra presencia. Un sentido que, de no encontrarse, puede provocar que nos veamos envueltos de lleno en una frustración existencial.

Sin embargo, Frankl llegó a este tipo de reflexiones después de haber transitado por uno de los caminos más atroces de nuestra historia reciente: a través de su experiencia como prisionero en un campo de concentración. Esa experiencia fue también la que le permitió acuñar el concepto de «existencia desnuda», que utiliza para referirse a ese momento en el que los prisioneros de los campos eran despojados totalmente de sus posesiones materiales y casi también espirituales, ese momento en que la esperanza de supervivencia les era arrebatada prácticamente por completo.

Mientras esperábamos a ducharnos, nuestra desnudez se nos hizo patente: nada teníamos ya salvo nuestros cuerpos mondos y lirondos (incluso sin pelo); literalmente hablando, lo único que poseíamos era nuestra existencia desnuda. ¿Qué otra cosa nos quedaba que pudiera ser un nexo material con nuestra existencia anterior?[8]

En esas circunstancias extremas, la existencia está toda ella guiada por el miedo. Por el miedo a la muerte, por el miedo a dejar de ser. Algo que, sin embargo, se acepta como posible, incluso como probable. A la crónica de sus años de internamiento en un campo de concentración, Charlotte Delbo la tituló *Ninguno de nosotros volverá*, porque ese era el camino que la razón parecía indicar: que nadie saldría de allí con vida. Que la existencia en esos campos era tan efímera y el miedo tan grande, que cavilar sobre cualquier tipo de futuro, proyectarse en él, no era más que una ilusión, una utopía. Las palabras con las que cierra el texto dan fe de ese

8   Viktor Frankl, *El hombre en busca de sentido*, Barcelona, Herder, 1991.

sentimiento: «Ninguno de nosotros volverá. Ninguno de nosotros debería haber vuelto»[9].

En ese lugar repleto de ausencias que son los campos de concentración, la voluntad de sentido permanece en fuera de juego: ¿cómo vivir cuando te lo han arrebatado todo? ¿Cómo vivir cuando tu pasado no importa, tu presente es una condena y tu futuro es incierto y dudoso? Junto al concepto de existencia desnuda, Frankl también acuñó el concepto de «existencia provisional», que es aquella que viven los prisioneros de los campos de concentración mientras dura su cautiverio, esa existencia incierta de quienes sobreviven sin proyectarse hacia el futuro, simplemente porque el futuro es, con toda probabilidad, inexistente. La existencia provisional es una existencia ausente, una existencia que se vive en forma de ausencia, de presencia efímera, incluso de no-presencia.

Por regla general, los recién llegados no sabían nada de las condiciones de un campo. Los que venían de otros campos se veían obligados a guardar silencio

9   Charlotte Delbo, *Ninguno de nosotros volverá*, Barcelona, Libros del Asteroide, 2021, pp. 156-157.

y, de algunos campos, nadie regresó. Al entrar en él, las mentes de los prisioneros sufrían un cambio. Con el fin de la incertidumbre venía la incertidumbre del fin. Era imposible prever cuándo y cómo terminaría aquella existencia, en caso de tener fin.[10]

A la hora de tratar de definir nuestra propia esencia siempre nos surgen una serie de preguntas con las que, como piedras en medio de un camino —nuestro camino—, no dejamos de tropezar: ¿cómo hemos de vivir nuestra vida ante el abismo que se abre frente a nosotros al ser conscientes de la insignificancia de la existencia, que es lo único que tenemos? ¿Cómo superar la angustia que nos provoca el vacío? ¿Cuál es la motivación que nos empuja a seguir adelante ante el conocimiento seguro de la muerte? ¿Cómo afrontar el paso del tiempo cuando este no solo nos arrastra en cada instante sino que, además, lo hace con rapidez y lo hace siempre, inevitablemente?

En el siglo XIX, Nietzsche nos hizo advertir, a través de la popularización del concepto de nihi-

---

10 Viktor Frankl, *op. cit.*

lismo, el enorme engaño en el que habíamos estado viviendo hasta entonces; nos hizo ser conscientes de que habíamos estado caminando hacia la nada y hacia la ausencia de sentido. Sin embargo, lejos de caer él mismo también en ese nihilismo, se propuso contribuir a la destrucción de aquello que nos había oprimido y vio en esa situación de desorden la gran oportunidad que tanto ansiaba para generar unos valores totalmente nuevos ya liberados de la tiranía de la razón. Esa crítica de Nietzsche a la cultura occidental, a sus valores, a la religión, a todo aquello que habíamos construido como inamovible a partir de la razón platónica, es algo que hay que tener siempre presente cuando echamos la vista atrás. Para él, lo único que hay es devenir, sucesos, aconteceres, y esos sucesos son necesariamente dinámicos, y, como tal, la razón nunca va a poder dar cuenta de ellos de una forma absoluta. Los únicos mundos que existen son los mundos que nosotros hemos creado: ficciones. Ficciones que se nos han impuesto como verdaderas, pero que no son más que eso, simples ficciones, mentiras que se han autoimpuesto su condición de verdad. Sucede lo mismo con la gran mentira del lenguaje, que actúa como un agente desvirtuador de esa realidad inaccesible en la que estamos inmersos, como una especie de genio maligno que nos engaña y nos limita en nuestro intento por llegar a aprehender la realidad objetiva, una realidad que nos empeñamos en buscar muchas veces en vano; y esa búsqueda, cuando es ineficaz —y en el fondo siempre lo es—, lo que hace es revelarnos una ausencia total de objetividad, ausencia que no nos provoca más que miedo y frustración. De ahí la necesidad del autoengaño.

Incluso aunque no estemos de acuerdo con él, incluso aunque nos neguemos a aceptar esa suerte de vitalismo desenfrenado que él defendía y optemos por un pesimismo más cercano a las posturas de Schopenhauer, conviene no olvidarnos nunca de sus teorías a la hora de analizar la realidad que nos rodea, pues ella es la que va a condicionar toda nuestra existencia. Esto es algo que también recalcará la filósofa Chantal Maillard: «hay que tener presente a Nietzsche; hay que tenerle presente cuando el sentimiento de derrota nos invade y preguntarnos, con él, no qué es lo que ha fracasado sino qué es aquello en lo que creíamos firmemente y por qué necesitábamos creer en ello»[11]. Tenerlo siempre presente para observar el pasado, para analizarlo, para no volver a caer en los mismos errores. Para ver qué era lo que llenaba nuestras ausencias, qué era lo que otorgaba sentido a nuestra existencia cuando todavía creíamos que esta tenía sentido, o que tenía otro muy distinto al de ahora, y por qué. Hacer del pasado el contenido de la memoria.

En el fondo, nuestra historia común es una historia de ausencias. Son más los que fueron que los que son, siempre son más. Del mismo modo, nuestra existencia individual también está repleta de ausencias. La existencia, al final, es tan solo un conjunto más o menos equilibrado de presencias y ausencias. Un juego entre lo que es y lo que no, entre lo que está y lo que ya se ha ido. La realidad, en sí misma, es siempre inaprensible. Y en esa inaprensibilidad hemos nosotros de intentar edificar nuestra propia presencia, de intentar darle un sentido, de intentar existir auténticamente. En el fondo, la vida son simplemente etapas que vamos

---

11. Chantal Maillard, *La razón estética*, Barcelona, Galaxia Gutenberg, 2021, p. 265.

superando, y atrás, en el pasado, no quedan más que las ausencias irreemplazables de quienes, de una forma u otra, también se sirvieron de nosotros para construir sus presencias, aunque ahora ya estemos todos lejos los unos de los otros.

La ausencia son las carencias de nuestra existencia presente cuyos ecos, que resuenan desde el pasado, seguimos todavía escuchando.

LA SOLEDAD

Desde fuera nadie puede adivinar la profunda deses-
peración de los demás.

Nathalie Léger, *Vida de Barbara Loden*

No recuerdo mis años de instituto con ningún tipo de anhelo especial. A medida que
iban pasando los cursos, notaba cómo mis compañeros de clase se alejaban cada vez más de mí.
El momento en el que sentí la ruptura definitiva,
el momento que puso fin a cualquier intento de
reconciliación por mi parte, se dio sin embargo
en mi último año de instituto, con el curso ya
acabado. En aquella ocasión, uno de mis compañeros de clase me llamó por teléfono para ir a jugar
un partido de fútbol a la pista que tenía en su
casa de campo. Había quedado con unos cuantos
amigos del instituto y me preguntó si me apete-
cía ir a mí también. Parecía algo inocente, una

pequeña oportunidad para no seguir alejándome, para abrir la puerta a esa reconciliación interna que yo mismo necesitaba. Sin embargo, cuando llegamos al campo, resulta que lo del partido era una excusa: en realidad le habían organizado una fiesta sorpresa de despedida para celebrar su marcha a una universidad que se encontraba en otra ciudad. Una fiesta de despedida en la que había una cantidad inmensa de gente, gente de mi clase y de otras clases, gente que había ido conmigo al colegio, gente de otros institutos. No sé decir cuántas personas habría allí exactamente, pero si digo que tal vez éramos unas cincuenta probablemente no ande muy desencaminado. Y yo, en realidad, no estaba invitado. Y, a pesar de todo, allí permanecí durante toda la noche, sentado con ellos, hablando con ellos, comiendo la comida que ellos habían comprado. Me es difícil recordar ahora, tanto tiempo después, muchas de las vivencias de mis años de instituto, pero la sensación que me invadió aquel día todavía no la he olvidado. La sensación de sentirse solo, aislado, ausente en mitad de un lugar abarrotado de presencias distantes y ajenas, extrañas.

Hablábamos unas páginas atrás de la íntima relación que existe entre la ausencia y la nostalgia, ambas permeadas por ese sentimiento de anhelo y pérdida inquebrantable. Una de las cosas que nos conduce tanto a caer en la nostalgia como a sentir la ausencia suele ser la soledad. La soledad, cuando se siente por la ausencia de los otros, refiere necesariamente a la carencia de compañía. Esta, en muchos casos, no es voluntaria sino impuesta por las circunstancias. Entre sus varias definiciones, nuestro diccionario recoge una en la que la soledad queda directamente vinculada con ese pesar que sentimos por la ausencia de alguien o de algo. En otras ocasiones, sin embargo, la soledad es también interna, de uno consigo mismo. En estos casos, se trata de una emoción que es independiente de los otros. La soledad de quien se siente ausente, separado del mundo. A veces, para solventar ese tipo de soledad, no basta ni siquiera con la presencia de los otros. Lo que te invade es un sentimiento de pérdida casi absoluta, de apatía. La soledad es capaz de conducirte hacia una espiral de angustia y desesperación que puede acabar desembocando en el infructuoso camino de la nostalgia. Ante la soledad, buscamos refugio en aquellos fragmentos del pasado que recordamos con cariño. El problema es que la nostalgia va unida a la tristeza, y el recuerdo nostálgico de una época anterior nos sume todavía más en nuestra propia y desalentadora soledad. La soledad es la insignificancia vital que sentimos ante la consciencia del paso inescrutable del tiempo cuando este, durante su acontecer, ha eliminado ya de nuestra existencia toda voluntad de sentido.

El paso del tiempo nos provoca el sentimiento de ausencia, de pérdida, de vacío. A menudo nos invade el deseo de volver a la infancia para tratar de encontrar en ella lo que no hemos podido conseguir durante el transcurrir de la vida. Regresamos al lugar de origen para intentar llenar los huecos que ha ido dejando en nuestra vida una ausencia indefinida. Notamos la falta de algo que no sabemos muy bien qué es. Y no nos damos cuenta de que, tal vez, lo que nos falta es el sentido; de que, mientras avanzábamos, íbamos a la vez descubriendo que todo es más efímero y menos consistente de lo que nos lo parecía cuando éramos apenas unos niños, cuando veíamos el mundo desde nuestra más absoluta y desnuda pequeñez. Es lo que le sucede a George Bowling, el protagonista de la novela de George Orwell *Subir a por aire*, cuando, tras muchos años de ausencia, regresa a su pueblo natal con el fin de recordar sus días felices de infancia. Una vez que traspasa las fronteras de aquella pequeña villa que lo vio nacer, sin embargo, todo allí ha cambiado. Los lugares que ahora ve no se parecen a sus lugares de infancia. Es incluso peor: ni siquiera los lugares físicos por los que transita su memoria siguen ya en pie. El mundo, el tiempo, la vida, han pasado por ellos y los han pisoteado, los han transformado hasta hacerlos irreconocibles. Bowling se ve de golpe arrancado de sí mismo; siente que le han arrebatado el único rincón del mundo en el que podía hacer frente a su soledad existencial. Su intento por subir a tomar un poco de aire al lugar feliz de su infancia se ve truncado por un despiadado golpe de realidad: «¡Subir a por aire! Si no hay aire»[12], se lamentará. En muchas ocasiones, de hecho, lo que sucede es que las imágenes que permanecen en nuestra memoria están

----

12 George Orwell, *Subir a por aire*, Barcelona, Destino, 1981, p. 219.

fuertemente quebradas, pues nuestra mente suele encargarse de seleccionar solo aquello que más nos conviene. Como decía Mahmud Darwish, «la nostalgia no son los recuerdos, sino lo que uno selecciona del museo de la memoria. La nostalgia elige y replanta, como un jardinero hábil, los recuerdos limpios de hojas marchitas»[13].

Del mismo modo que idealizamos los recuerdos de infancia y mitificamos los lugares en los que un día fuimos felices, también sucede que idolatramos aquellos otros que no conocemos y en los que proyectamos esa felicidad ausente que no somos capaces de alcanzar. Durante el Romanticismo, ese lugar idealizado fue Oriente, y autores como Chateaubriand o Flaubert, entre otros, creyeron ver en esas tierras un espacio repleto de posibilidades, un espacio en el que poder encontrar una naturaleza mística que hiciese exaltar su propio yo, su autoconsciencia. En Oriente buscaban sus sueños más ocultos y personales, su total autorrealización, pero una vez allí solo podían alcanzarlos a base de luchar fuertemente contra una realidad que se les imponía

13 Mahmud Darwish, *op. cit.*, pp. 135-136.

de frente y desmitificaba sus imágenes preconcebidas. Solo así, a base de negar lo evidente, podían mantener en pie el relato ficticio que se habían construido en su cabeza. Reverenciamos pueblos y ciudades y países que nunca hemos pisado y en los cuales pretendemos sumergirnos con una cierta nostalgia impostada sobre aquello, no que ya hemos vivido, sino que soñamos vivir, que soñamos conocer, que soñamos encontrar, pero que no existe. Ni si quiera en nuestros recuerdos.

En su poema titulado *La ciudad*, el poeta Constantino Cavafis ya supo reflejar la irracionalidad, incluso la insensatez, que supone pretender satisfacer nuestros deseos en aquellos lugares en los que, por estar lejos y sernos desconocidos, intentamos en vano refugiarnos y poner fin a una angustia existencial a la que, tal vez, estemos ya abocados. El poema dice así:

Dices: «Iré a otra tierra, hacia otro mar,
y una ciudad mejor con certeza hallaré.
Pues cada esfuerzo mío está aquí condenado,
y muere mi corazón
lo mismo que mis pensamientos en esta desolada
   languidez.

Donde vuelvo los ojos solo veo
las oscuras ruinas de mi vida
y los muchos años que aquí pasé o destruí».
No hallarás otra tierra ni otro mar.
La ciudad irá en ti siempre. Volverás
a las mismas calles. Y en los mismos suburbios llegará tu vejez;
en la misma casa encanecerás.
Pues la ciudad siempre es la misma. Otra no bus-
ques —no la hay—,
ni caminos ni barco para ti.
La vida que aquí perdiste
la has destruido en toda la tierra.

Esta suerte de nostalgia hacia lo desconocido, ese sentimiento de *Sehnsucht* que se apodera de nosotros en nuestros momentos de debilidad, debe gran parte de su ser al eco romántico que todavía hoy permea ligeramente en la sociedad. Uno de los conceptos clave de la estética romántica fue el concepto kantiano de *lo sublime*, también utilizado por el escritor Edmund Burke. La experiencia de lo sublime remite a esa sensación de pequeñez que creemos experimentar cuando nos encontramos ante la contemplación de algo que nos sobrepasa;

a ese sentimiento de angustia desbordante que nos hiere cuando tomamos conciencia de la imposibilidad de abarcar todo lo que nos rodea. Es lo que nos sucede al contemplar la inmensidad del océano, al admirar la grandeza de la naturaleza o al tratar de aprehender, sin éxito, la infinitud del universo.

Cuando la soledad viene provocada por la consciencia de nuestra pequeñez ante la vastedad del mundo que se levanta a nuestro alrededor, entonces esa sensación de soledad, que es también de ausencia, adquiere tintes existenciales y se extiende a todo lo que hay o existe. Es precisamente esa sensación la que el arte romántico trató de representar. El dolor y el conflicto de la conciencia interior que quiere jugar a ser libre se refleja en la pintura romántica en su forma más precisa: los individuos eran representados ante inmensos paisajes naturales que, lejos de acogerlos, los oprimían y reducían a su mínima expresión, a una presencia inane. Eso quizá es lo que consigue que el espectador advierta y padezca esa sensación de soledad, silencio e insignificancia —de ausencia, al fin y al cabo— ante la apariencia de ese enorme abismo que es el mundo. Autores como Turner o Friedrich supieron representar perfectamente en su obra todo ese temor a la inmensidad de la naturaleza y a la soledad ilimitada, ese miedo a lo desconocido y al devenir. Y en esos contextos de insignificancia en los que nos sentimos totalmente ausentes y alejados de todo lo demás, lo que albergamos en nuestra mente es el deseo de huir, de escapar de un mundo que nos persigue; y eso es, tal vez, lo que la pintura romántica representa; y eso es, tal vez, lo que aquellos viajeros románticos que mencionábamos antes buscaban encontrar en la lejanía de lo que, para ellos, estaba aún inexplorado. Por eso viajamos a lugares desconocidos, por eso nos refugiarnos en unos espacios —naturales o artificiales— sobre los que depositamos las esperanzas que nuestro día a día nos ha arrebatado; por eso tratamos de resguardarnos en nuestros recuerdos más felices o en aquellos lugares en los que una vez lo fuimos: porque allí, entonces, hace ya mucho tiempo, todavía no éramos conscientes de la ausencia hacia la que poco a poco y sin remedio nos íbamos acercando. Sin embargo, al regresar a esos lugares, del mismo modo que sucede cuando observamos la representación de lo sublime en el arte romántico, ya no sentimos la naturaleza como parte de nosotros, sino que parece que hemos sido expulsados de ella. Y por eso en los cuadros románticos esta se muestra ajena, alejada, distante. El intento de reconciliación con el paisaje, una vez que se desvela como irrealizable, es lo que atormenta a la conciencia romántica. Por eso los paisajes románticos son, como diría el filósofo Eduardo Subirats, paisajes de la conciencia desdichada.

Las pinturas románticas nos permiten ser capaces de advertir nuestra pequeñez, nuestra angustia. Eso es algo que también ocurre con cualquier medio audiovisual que nos ponga cara a cara frente a todo aquello que nos sobrepasa, frente a todo aquello que excede nuestra capacidad de aprehensión. Cuando era pequeño, mi padre tenía en casa un cuarto oscuro en el que revelaba sus propias fotografías. En realidad, el cuarto oscuro era el baño de la casa, que por momentos se transformaba en un laboratorio iluminado por una luz roja que lo abarcaba todo. Recuerdo a mi padre decirnos que no abriésemos la puerta durante el proceso de revelado fotográfico, o que lo hiciésemos con mucho cuidado, para que el papel no se estropease a causa de la luz que entraba desde el exterior, a través de la ventana del pasillo. Aunque con el paso del tiempo dejó de utilizar sus aparatos de revelado, todavía hoy conservamos gran parte de aquellas fotografías en blanco y negro. Lo que más le gustaba fotografiar no eran los espacios vacíos, sino a la gente, a las personas que ocupaban esos espacios y la forma en que lo hacían. Hay imágenes de besos, de abrazos, de gestos afectuosos, pero también hay muchas otras imágenes que remiten a la soledad, que tratan de reflejar el aislamiento individual en el que tantos individuos se encuentran, el abandono, el desamparo. La ausencia.

En una de aquellas imágenes aparece retratado un hombre trajeado que, montado sobre un caballo de madera, daba vueltas en un pequeño tiovivo mientras dirigía su mirada ausente hacia ninguna parte. Es una imagen tomada en París, y es, además, una de las fotografías preferidas de mis padres, esa que siempre recuerdan cuando en alguna conversación sale a colación la época en que mi padre iba a todas partes con su cámara al hombro. Esa imagen, como la mayoría de las que tomaba, son imágenes robadas, instantes que pretenden dete-

ner un tiempo que sigue en marcha, pero del que
nosotros, como espectadores, no sabemos nada
más, absolutamente nada. Tal vez aquel hombre
trajeado acababa de salir del trabajo, necesitaba un
minuto de descanso y pensó que el tiovivo era un
buen lugar para tomárselo; o tal vez no, tal vez ese
hombre había pasado la mañana dando vueltas y
vueltas en busca de una nueva oportunidad laboral que nunca llegaba. O quizá había sufrido una
ruptura, o una pérdida, o un desengaño. Lo malo
de las fotografías es que no nos permiten saber el

antes y el después del instante retratado; lo bueno de ellas es que nos obligan a imaginarlo.

La soledad es un vacío interior, y a veces las formas para salvarlo no están en nuestras manos. La no presencia de los otros, la ansiedad, la depresión, la imposibilidad de alcanzar nuestras metas, el golpe de realidad que supone darse cuenta de que estas eran inalcanzables. La soledad son los deseos que nunca van a hacerse realidad. Y, en cualquier contexto de crisis —personal, laboral, económica, social—, da la impresión de que la soledad se acrecienta. En *El vientre vacío*, la periodista Noemí López Trujillo[14] habla de cómo la crisis ha provocado en las mujeres la necesidad de aplazamiento de la maternidad, un aplazamiento que se ha perpetuado en el tiempo hasta llegar a anular por completo la posibilidad del deseo de formar una familia. El problema es que se anula la posibilidad pero el deseo sigue ahí, solo que ya es tarde. Hace unos meses, mi cuñada, que por aquel entonces estaba embarazada, le dijo a mi padre que

---

14 Noemí López Trujillo, *El vientre vacío*, Madrid, Capitán Swing, 2019.

estaba contenta porque, una vez que fuese madre, ya nunca más se iba a sentir sola. En ocasiones, es la presencia del hijo deseado lo que nos evita caer en la soledad, y su ausencia la que la precipita. Y es ahí, en esa brecha, en ese dolor, en esa ausencia, cuando aparece el mercado para apropiarse de nuestros deseos: congela tus óvulos, te ofrecemos la posibilidad de formar una familia en un futuro —*cuando todo esto pase*— por un módico precio. En el ensayo de López Trujillo se recogen los testimonios de muchas de esas mujeres condenadas a la ausencia por culpa de unas situaciones que les han venido impuestas desde fuera. Y la ausencia del hijo imaginado, querido y amado pero inexistente es una de las muchas formas que tiene la ausencia de manifestarse: es una ausencia cruel.

La ausencia es el recuerdo inquebrantable de aquellos a quienes añoramos. La ausencia, en sus múltiples manifestaciones, es la fuerza que nos amordaza y aterroriza en los instantes de soledad. Y sentirse solo en alguno o varios momentos de nuestra vida resulta inevitable.

LA ESCRITURA

He hecho una cosa contra el miedo. He permanecido despierto durante toda la noche, y he escrito.

R. M. Rilke,
Los apuntes de Malte Laurids Brigge

Una de las formas aparentes de liberar a la ausencia de la soledad y el olvido es mediante la inmortalidad. Transformando nuestra presencia en algo eterno, la ausencia parece quedar anulada, incluso aunque al final acabemos convirtiéndonos en caminantes sin alma igual que les ocurre a los personajes del relato de Borges. La inmortalidad es lo que busca Fausto cuando le pide a Mefistófeles que le mantenga siempre joven. Siempre joven porque la juventud es sinónimo de belleza, y ser inmortal sin ser bello no tiene para él ningún sentido. De hecho, a lo largo de todo el texto se hace una constante defensa de la juventud y de la belleza, quedando la fealdad totalmente repudiada. En un momento dado incluso se llega a criticar y despreciar esa fealdad, a través de una escena en la que Mefistófeles se burla irónicamente de la ausencia de belleza de las Fórcidas con las siguientes palabras: «Lo que me maravilla es que ningún poeta os ensalce… Y decid: ¿de qué proviene y cómo ha sido que yo no os haya visto nunca en estatua, vosotras que más que nadie lo merecéis?»[15].

Hay quien opina que la escritura es también uno de esos métodos que permiten a las almas inquietas, no solo hacer frente al dolor causado por la soledad, sino también pensar que, a través de las palabras escritas sobre el papel, son capaces ellas mismas de hacerse inmortales. La escritura nos permite llenar los huecos que deja la ausencia, otorgarle a esta última una cierta materialidad, pero también huir. Escribimos en soledad para huir de ella, para escaparnos, para ser presencia viva y presencia eterna, presencia que permanece. Escribimos en soledad para seguir siendo, para existir;

15 J. W. Goethe, *Fausto*, Madrid, Cátedra, 2011, p. 331.

y, de este modo, mientras escribimos, la soledad se vacía de sí misma y nosotros nos hacemos presentes. El pensador Miguel Morey le dedicó a esa relación entre escritura y soledad un libro que lleva por título *Pequeñas doctrinas de la soledad*. En un breve fragmento de esta obra, Morey equipara la soledad del escritor con la del lector: a través de la palabra escrita, ambos pueden alejarse de esa soledad que los carcome.

La soledad sedienta del escritor ante el folio en blanco es la misma, una y la misma, que la soledad sedienta del lector que acaba de hacerse con un libro largamente esperado y decide encerrarse a solas con su juguete nuevo. Una y la misma, el mismo río. Palabra común ahora. Como todos los bebedores, tanto el lector como el escritor saben bien lo que es colmarse en un beber que da sed.[16]

La escritura parece tener mucho que ver con nuestra búsqueda de la inmortalidad, y tal vez nos sirva como acto redentor ante el miedo a la desapa-

16 Miguel Morey, *Pequeñas doctrinas de la soledad*, Madrid, Sexto Piso, 2015, pp. 318-319.

rición y al olvido. La escritura como un ejercicio para seguir siendo presencia más allá de la vida. Una presencia perpetuamente ausente, pero presencia al fin y al cabo. Evitar el olvido a través de las palabras. También una forma de orientar nuestra voluntad de sentido, de llenarla de contenido. La escritura o la vida, que diría Jorge Semprún; y solo la primera de ellas te permite evitar ser olvido, caer en él. La escritura como solución al incansable deseo de la perpetuación a través del recuerdo imborrable de la presencia eterna: de nuevo nos encontramos ante el ansiado afán de la inmortalidad. Igual que sucede con el protagonista de *La invención de Morel*, de Adolfo Bioy Casares: descubierto el engaño con el que Morel embaucó a todos los visitantes de la isla en la que transcurre la trama, ahora desierta salvo por la presencia solitaria de su personaje protagonista, este decide sacrificar su propia vida a cambio de la inmortalidad de su presencia vacía. Su alma desaparece, pero él, convertido en pura representación —la imagen de su cuerpo, sus movimientos, su día a día siendo eternamente reproducido, como si se tratase de una película, sobre el escenario gigante que conforma la isla—, llenará para siempre los vacíos provocados por una ausencia que nadie percibirá como tal.

La ausencia es un tema recurrente dentro del arte de la escritura. Escribimos sobre ella en nuestros diarios, le dedicamos poemas y canciones, imaginamos historias que focalizan su atención en el vacío, en los huecos dejados por aquellos que se han marchado. Es normal encontrarnos en la historia de la literatura con obras que hablan sobre la pérdida, sobre el abandono, sobre la violencia, la crueldad y el dolor propio y ajeno, sobre la soledad, sobre el duelo. Podríamos llenar una enciclopedia entera mencionando títulos de obras literarias que, en algún sentido, abordan alguna de esas realidades negativas que pueden ser englobadas bajo el concepto de ausencia, y, aun así, estoy convencido de que nos dejaríamos miles de obras sin mencionar. Sobre estos temas se construye, por ejemplo, *La insoportable levedad del ser*, de Milan Kundera, en la que una Teresa cada vez más sola siente su propio cuerpo como algo distante, como algo ajeno a su espíritu; o *Siempre hemos vivido en el castillo*, de Shirley Jackson, una novela en la que el dolor y el sentimiento de ausencia que sienten las hermanas protagonistas se hace notar en todo momento. Y en *Cinco horas con Mario*, de Miguel Delibes, su protagonista es, ya desde la primera página, un cadáver, es decir, una ausencia. La lista de narraciones que abordan la cuestión de la ausencia es casi infinita. Recuerdo, por ejemplo, la novela *En ausencia de Blanca*, de Antonio Muñoz Molina, cuyo protagonista radiografía la ausencia de su compañera a partir de los huecos que va dejando, de los vacíos que quedan cuando se marcha, de las acciones no realizadas. Y si hablamos de publicaciones más recientes, de inmediato me vienen a la mente, entre otras, *El dolor de los demás*, de Miguel Ángel Hernández; *Casas vacías* y *Ceniza en la boca*, ambas escritas por Brenda Navarro; o *Del color de la leche*, de Nell Leyshon.

En *La edad del desconsuelo*, la escritora Jane Smiley narra el sentimiento de ausencia que invade al protagonista tras averiguar que su mujer se ha enamorado de otro hombre. Ella, dubitativa durante el transcurso de toda la historia, permanece siempre ausente, pero su ausencia es la ausencia de quien, estando presente, en realidad no está; la ausencia de quien, estando cerca, no podría encontrarse más lejos. De entre los libros que se han publicado durante los últimos años en lengua castellana, me gustaría destacar también *La mala costumbre*, que refleja la soledad que su autora, Alana S. Portero, siente al saberse en un cuerpo equivocado que se percibe desde la distancia, como una materia extraña y ajena; un cuerpo que no es el que debería ser, un cuerpo que no refleja al verdadero *yo* que lo habita. Y eso es, también, otra forma más de ausencia.

En una de mis novelas juveniles preferidas, *La princesa prometida*, la princesa Buttercup sufre constantemente la ausencia de su amado Westley, a quien cree fallecido a manos del malvado pirata Roberts. Y es que también la ausencia adquiere un papel protagonista en la literatura infantil y juvenil. Es cierto que, en algunas de estas obras, más que de ausencia hablamos de *Sehnsucht*, de esa nostálgica e incansable búsqueda de lo indefinido. Sucede, por ejemplo, en *El viento en los sauces*: el señor Topo abandona su madriguera y se adentra en lo desconocido con el fin de encontrar algo que no sabe muy bien qué es, pero que parece anhelar, aunque nunca lo mencione, desde lo más profundo de su alma. Tal vez Kenneth Grahame, su autor, puso en la piel del señor Topo sus propios deseos de huir; o tal vez quiso plasmar en él el afán de aventura, la búsqueda, de nuevo, de aquella naturaleza mística de origen romántico. Algo similar le ocurre al perro Dominc, personaje creado por William Steig en 1972, que se marcha a ver mundo en busca de unas experiencias que no es capaz de encontrar en casa.

Si regresamos a las historias que nos contaron o leímos durante nuestra infancia, veremos que el sentimiento de ausencia está muy presente en muchas de ellas. En *El jardín secreto*, Mary queda huérfana al comienzo de la novela y, tras mudarse a la mansión de su tío, decide situar en un misterioso jardín cerrado con llave el único amparo ante la soledad que la atormenta, una distracción que le permite alejarse de la existencia retraída que había llevado hasta entonces y llenar de sentido su propia vida; Matilda encuentra en los libros y en la presencia de la señorita Honey la compañía que no halla en una familia que la trata con indiferencia; el cerdito Wilbur, una vez que es separado de Fern y se entera de que su destino no es otro que la muerte, se refugia en la compañía de la araña Carlota, esa amiga leal y valiente, para poder sobreponerse a su tristeza y a su soledad y tratar de salvar su vida, una soledad que, sin embargo, regresa a él tras el fallecimiento de su amiga; y a Heidi le sobreviene una ausencia repentina cuando la tía Dete la arrebata casi a la fuerza de la casa del Tío de los Alpes y la aleja de su idílica vida en las montañas suizas para obligarla a viajar a Frankfurt a casa de los Sesemann. A pesar de que la presencia de Klara la hace feliz, Heidi añora los prados verdes del lugar en el que ha vivido durante los últimos años. Se siente sola, come cada vez menos y todas las noches aprieta su cabeza contra la almohada para llorar sin que nadie la escuche. El abrazo tras el reencuentro con el abuelo después de su regreso a casa simboliza el fin de la ausencia, en este caso no solo para ella.

En *Peter Pan*, novela escrita por J. M. Barrie, Peter se empeña constantemente en luchar contra el paso del tiempo para evitar emprender su camino hacia la ausencia que seremos, mientras por las noches sufre los sueños más tristes de entre todos los niños perdidos que habitan la isla. Al mismo tiempo, Wendy no deja de añorar a su familia y de sentir la ausencia de sus padres, y precisamente por ello trata de mantener su memoria siempre viva y así evitar, de este modo, que el País de Nunca Jamás, cuya fuerza de atracción es tremendamente poderosa, acabe por forzarla a borrar sus recuerdos. Pero es al final de la novela cuando nos sobreviene la tristeza más absoluta: Wendy se marcha, se hace mayor y Peter, que ha perdido ya por completo la noción del tiempo, en una de sus cada vez más espaciadas visitas a la casa de los Darling, le confiesa que no solo se ha olvidado de las aventuras que vivió junto a ella, sino también del capitán Garfio y, lo que resulta más amargo de todo, de la pequeña Campanilla, que estaba locamente enamorada de él y que ahora, ya fallecida, Peter no logra recordar en absoluto. Ninguno de estos personajes son ya ausencia en la mente de Peter Pan: tan solo son olvido. «¿Quién es Campanilla?», se pregunta extrañado cuando Wendy la menciona, «hay tantas como ella que supongo que ya no existirá…»[17].

Otra de las grandes obras referenciales de la literatura adolescente del siglo xx, la novela *Momo*, de Michael Ende, es también una historia que trata

17 J. M. Barrie, *Peter Pan*, España, Alma, 2020, p. 194.

fundamentalmente sobre la ausencia, que queda retratada de una forma maravillosa: su aparición repentina, el dolor que nos causa, la tristeza que nos envuelve cuando llega, el vacío que nos deja, la necesidad que tenemos de rescatar a quien ha caído en ella y todavía puede ser salvado.

En la novela de Ende se nos presenta a Momo, una joven vagabunda que decide instalarse en una ciudad cuyo nombre nunca llegamos a adivinar. La presencia de Momo, lejos de incomodar a los habitantes, sirve para sacar a relucir lo mejor de ellos, para unirlos en un clima de felicidad y armonía nunca antes visto. Sin embargo, unos extraños personajes, los hombres grises, aparecen de repente y comienzan a robar el tiempo de las personas. A medida que estos hombres van tomando la ciudad y subyugando las conciencias de quienes la habitan, estos últimos, esclavos del tiempo, se convierten en seres presentes cuya esencia es la pura ausencia. Seres que están, pero que no son: están presentes, pero no son más que meras presencias corporales, vacías por dentro, huecas.

La historia avanza y Momo, que representa en sí misma la armonía de la ciudad, la calma, la paz

—en definitiva: la presencia—, se encuentra cada vez más sola sin entender por qué. Por primera vez en su vida siente en sus carnes el miedo a la pérdida. De repente, comienza a añorar aquello que una vez fue y se ve invadida por el sentimiento de ausencia. La ciudad se convierte en ausencia presente porque pierde su vida, su magia, su humanidad. Ya nadie escucha a los otros, ya nadie se para a hablar con ella, ya nadie es capaz de mostrar aprecio por los demás, ni empatía, ni respeto. Ya nadie cuida de nadie; ya nadie parece tener tiempo para hacerlo. Así que Momo decide, por su propia cuenta, emprender el camino para recuperar el tiempo perdido y, con él, recuperar la presencia que le permita alejarse de esa ausencia casi absoluta que la rodea. La novela, por tanto, es una novela sobre la ausencia, sobre la huida de la ausencia, sobre la necesidad de la presencia como única forma de salvaguardar nuestra voluntad de sentido; en definitiva, de mantenernos en pie, de mantenernos vivos.

En el fondo, sin embargo, la lucha de Momo no es más que un método para aplazar lo inevitable. Porque la vida cambia y nadie puede pretender que todo permanezca siempre igual, inalterable. La vida es un devenir continuo y el devenir implica ausencia. No podemos saber si Momo aceptará esta realidad en algún momento futuro, pero su lucha evidencia una cosa: que la ausencia también tiene sus propios ritmos. Y a veces, simplemente, no es el momento. La lucha de Momo es la lucha contra la ausencia repentina, aquella que ha hecho acto de presencia cuando todavía nadie la había reclamado. La lucha de Momo es la lucha contra la ausencia presente, pero también contra la ausencia cruel, contra esa ausencia que llega de golpe e interrumpe, sin avisar, el transcurso de la vida.

En un discurso de graduación reciente, les dije a mis alumnos de segundo de bachillerato que la vida no es más que un fluir continuo de últimas cosas que no sabemos que lo son. Es de eso de lo que está compuesto el devenir de la vida a la que hemos sido arrojados: de últimas cosas desconocidas. De últimos saludos, de últimos abrazos, de últimas palabras, de últimas miradas o de últimos te quiero. La ausencia cruel aparece, no cuando se produce una de estas últimas cosas, sino cuando nos arrebatan de golpe la posibilidad de que haya más. Por eso una muerte inesperada es también tan dolorosa: porque nos obliga a convivir con la ausencia de quien nunca pudo despedirse. La muerte repentina es una interrupción forzada de la existencia. La ausencia irrumpe de golpe como quien entra gritando en una sala de espera que hasta ahora había permanecido en silencio. Se trata de un elemento impostado, algo que no encaja con la decoración, que desentona.

No es difícil que nos encontremos en la literatura con multitud de obras dedicadas por entero a esa ausencia cruel. Cuando pienso en los fragmentos literarios más dolorosos que he leído en los últimos años, lo primero que me viene siempre a la cabeza es un breve pasaje de una novela titulada *El verano en que mi madre tuvo los ojos verdes*, de la escritora Tatiana Țîbuleac. Se trata de un libro en el que su protagonista, Aleksy, narra los últimos meses en los que convivió con su madre moribunda antes de su fallecimiento. Al principio de la novela, Aleksy, que no es ni mucho menos un hijo ejemplar —tampoco la madre lo es—, se niega a pasar tiempo con ella, a quien odia y desprecia a partes iguales. Esta, sin embargo, logra que su hijo acceda a pasar el verano a su lado, y poco a poco la relación entre ambos, sin llegar nunca a ser idílica, se va haciendo algo más próxima. Se trata de un libro dedicado por entero a la ausencia de una madre en el que, sin embargo, una de las cosas que más pesan es la ausencia de Mika, la hermana pequeña del protagonista, fallecida cuando apenas contaba seis años. Todavía hoy no puedo evitar estremecerme al leer el pasaje en el que Aleksy habla sobre la ausencia de su hermana:

> Ojalá hubiera muerto mi padre en su lugar.
> Si la muerte tuviera en cuenta la opinión de los demás, moriría mucha más gente adecuada.
> Nuestra psiquiatra decía que hasta los cinco años los niños no recuerdan nada. Pero yo creo que eso es una bobada y que Mika murió con muchos recuerdos, los recuerdos más bonitos y verdaderos que han existido nunca en nuestra desgraciada familia. Estoy seguro de que si Dios hubiera tenido una hija la habría llamado Mika.
> La echo tanto de menos que me dan ganas de sacarme los ojos.[18]

....

18 Tatiana Țibuleac, *El verano en que mi madre tuvo los ojos verdes*, Madrid, Impedimenta, 2017, p. 48.

Al ser imposible de solventar, la muerte supone una ausencia definitiva. La presencia desaparece para siempre y los que quedan tienen que aprender a vivir y a lidiar con esa ausencia que solo el paso del tiempo irá haciendo cada vez más borrosa, a pesar de que el dolor no llegue nunca a marcharse del todo. En sus *Himnos a la noche*, Novalis trata de plasmar por escrito sus tormentos y la angustia de la muerte, el miedo que esta nos provoca; un miedo y una angustia que solo puede llegar a vencer cuando aparece ante él la presencia fantasmal de su difunta amada, hasta entonces ausente. En ese contexto, el mundo de las tinieblas renace y se mezcla con la realidad más próxima y cercana a nosotros. Presencia y ausencia se juntan para representar la unión de todas las contradicciones a las que nos enfrentamos: la vida y la muerte, la creación y la destrucción, el éxtasis y el miedo, la belleza y la repulsión. La muerte sigue mostrándose como algo aterrador y amenazante, y el miedo al no-ser, a la ausencia del propio yo, es algo que siempre estará presente, pero esa angustia provocada por el advenimiento de la muerte, propia o ajena, ha de ser superada, si bien no por completo —eso nunca sucederá—, sí al menos en gran medida; y la única forma de superarla, para Novalis, será a través del amor. Solo el amor permite disolver las fronteras del espacio y del tiempo, las barreras entre el ser y el no-ser, entre la presencia y la ausencia, entre el todo y la nada. La vida y la muerte están más cerca, más unidas, más juntas que nunca. La escritura nos permite acortar esa distancia entre términos opuestos y materializar el amor en una hoja de papel, traer a la presencia lo que ya solo es ausencia. La escritura nos permite mantener engrasados los mecanismos mediante los cuales la memoria conserva activo el recuerdo de los otros, de las ausencias que dan forma a nuestra vida pasada.

La ausencia es el lamento ante la imposibilidad de la eternidad, ante la inevitable caída en el olvido.

LA MEMORIA

…que había estado ausente durante mucho tiempo y que la ausencia es el mejor remedio contra el olvido.

Anna Ajmatova, *Mandelstam*

En el prólogo de *La trama de la memoria*, la pensadora Mayka Lahoz señala que la memoria «relaciona intrínsecamente la vida, el dolor, el silencio y la palabra, de ahí que permita la deconstrucción y la reconstrucción no solo del sujeto, de la identidad, del sí mismo, sino también del mundo, del otro, de la alteridad»[19]. La memoria no solo recuerda, sino que también inventa, reconstruye y da forma a nuestras vivencias, las adorna y las matiza, las exalta o las sosiega, las inserta en el continuo que configura nuestra identidad y

---

19 Mayka Lahoz, *La trama de la memoria*, Barcelona, Tusquets, 2022, p. 11.

que nos permite articular todo nuestro presente en torno a aquello que la propia memoria nos hace creer que hemos vivido.

Resulta curioso cómo funciona la memoria. Cómo sentimos las personas el paso del tiempo, cómo la presencia continuada de los otros lo atenúa y su ausencia, en cambio, lo acrecienta. Cómo cambia la percepción cuando la edad de quien percibe es diferente. Cómo borramos algunos momentos clave de nuestro pasado, los entremezclamos, los transformamos, cómo nos los inventamos para llenar los huecos que quedan en blanco y que están provocados por el olvido, que no es más que el proceso mediante el cual la memoria deja de rememorar; y cómo eliminamos, inconscientemente, algunas de nuestras experiencias pasadas, que comienzan a habitar el olvido y solo salen a relucir de nuevo cuando otro las recuerda, o no lo hacen nunca.

A través de la memoria nos construimos a nosotros mismos, definimos nuestra identidad. Sabemos quiénes somos porque conocemos quiénes hemos sido. Y, sin embargo, nuestra memoria no deja de olvidar constantemente parte de nuestro pasado, parte de lo que nos constituye. Y a pesar de que su continuidad se rompa, no parecemos dudar de aquello que seguimos siendo. David Hume decía que nuestra identidad es, en realidad, una ficción, puesto que si dicha identidad está vinculada con nuestra memoria y nuestros recuerdos, pero la primera es incapaz de recordarlo todo y los segundos se alteran y transforman constantemente, ¿cómo sabemos que seguimos siendo nosotros mismos? Precisamente por eso, Hume también señalaría que no debemos supeditar nuestra identidad tan solo a la memoria, sino que aquella debe ir más allá. Por eso la identidad no es más que una ficción: porque bajo ella asumimos, no solo los recuerdos de nuestro pasado, sino también todas las reconstrucciones que nosotros mismos hemos ido imaginando para rellenar los huecos que la memoria deja.

Tras los atentados de Madrid del 11 de marzo de 2004, las estaciones de tren afectadas se llenaron de imágenes, cartas, dibujos y objetos que pretendían mantener en la memoria todo el dolor por las casi doscientas personas que habían fallecido. Miles de personas se vieron de repente envueltas en un proceso de duelo para el que no estaban preparadas. Durante meses, el espacio público fue tomado por una serie de mecanismos de duelo cuyo objetivo era, simplemente, recordar, evitar la caída en el olvido de todo el dolor que habíamos sufrido. Mantener viva esa parte de la memoria que nunca debe ser enterrada.

Una parte de esos memoriales de duelo que se generaron tras el 11 de marzo fueron recopilados en un libro que lleva por título *El archivo del duelo*, coordinado por la antropóloga Cristina Sánchez-Carretero[20]. En esa obra, acompañando a los textos que le dan forma, se recogen una gran cantidad de fotografías que fueron tomadas en aquellos espacios resignificados como lugares de la memoria, imágenes que nos permiten dejar constancia y recordar todo el dolor que la ausencia repentina de las víctimas provocó en el país. Velas, carteles, cartas, símbolos religiosos, flores, dibujos, fotografías, objetos. Juguetes. Pequeños altares improvisados que pasaron a ocupar el espacio público para tratar de llenar el vacío inabarcable que la ausencia

....

20 Cristina Sánchez-Carretero (coord.), *El archivo del duelo*, Madrid, CSIC, 2011.

de las personas fallecidas había generado. Tantas y tantas cosas que surgieron gracias a la iniciativa de una ciudadanía que necesitaba este proceso de duelo para empezar a sanar, para empezar a recuperarse del golpe, para empezar a curar las heridas incurables de un trauma repentino. Un proceso necesario para poder superar la ausencia cruel de quien se ha marchado antes de tiempo y, lo peor de todo, sin poder despedirse. En *Vivir con nuestros muertos*, la escritora Delphine Horvilleur narra, a partir de su experiencia personal como rabina, las muchas formas en las que ella misma pudo acompañar en el duelo a quienes acudían en su ayuda con el objetivo de hacer frente a todo ese dolor, a toda esa ausencia; las muchas formas que tenemos las personas de enfrentarnos a ese vacío que dejan nuestros muertos, las distintas maneras en que nos relacionamos con ellos. En esa misma obra, Horvilleur también nos habla de la alteración de los ritos funerarios que se ha producido a escala mundial debido a la pandemia del año 2020, cómo esta nos ha obligado a un aislamiento que ha transformado las prácticas y ceremonias que llevamos a cabo para despedirnos de los fallecidos, con entierros a puerta cerrada en los que apenas hay gente y en los que, por motivos de salud, se recomienda evitar el contacto —un abrazo, un apretón de manos, dos besos— entre los allegados del difunto, un contacto mínimo que permitiría hacer de la despedida algo más llevadero.

En la película japonesa *Despedidas* (*Okuribito*), con la que el cineasta Yōjirō Takita se alzó con el premio Oscar a la mejor película de habla no inglesa en el año 2009, el protagonista se ve obligado a trabajar para una funeraria después de que la orquesta en la que toca el violonchelo se disuelva. Su trabajo consiste en realizar el ritual funerario del amortajamiento budista, conocido como *nōkan*. Con el paso de los años, este ritual ha ido desapareciendo de los procesos de duelo en el país nipón, quedando su realización prácticamente relegada a las zonas rurales. En la película se muestra cómo la persona que lo lleva a cabo, el *nōkanshi*, es alguien cuyo trabajo no está socialmente aceptado, incluso está mal visto. Se considera una labor indecorosa, y el protagonista sufre el rechazo por parte de quienes le rodean: su mujer decide marcharse porque él se niega a dejar su trabajo, y uno de sus más cercanos amigos de infancia deja de dirigirle la palabra cuando se entera de cuál es su nuevo oficio. Incluso él mismo le oculta durante un tiempo a los demás a qué se dedica. A medida que avanza la película, sin embargo, vemos cómo el protagonista se va reconciliando poco a poco con su nuevo empleo. La extremada delicadeza de este ritual mortuorio le permite estar en paz con el mundo y, paradójicamente, con la vida; le hace ver cuáles son las cosas que realmente importan. Y es que el *nōkan* se presenta como un ritual que permite que el proceso de duelo sea más pacífico, más humano. La transformación de la presencia en ausencia se dignifica a través de una ceremonia en la que todo está meticulosamente preparado. El cuerpo de la persona fallecida se tapa con un mantón blanco y se lava solícitamente frente a los familiares y allegados más cercanos, sin dejar nunca que su desnudez sea visible. Después, con sumo cuidado, se le tapan los orificios con pequeñas piezas de algodón o de gasa para, a continuación, vestirlo con los ropajes escogidos por la familia, generalmente kimonos. De nuevo sin que se vea el cuerpo desnudo de la persona fallecida, se le colocan sus prendas por debajo del mantón, que poco a poco va siendo retirado. Una vez hecho esto, se le toman las manos y, con unos movimientos bien medidos, como si se tratase de un baile concienzudamente ensayado, se entrelazan una con otra sobre el pecho, colocando entre ellas una pulsera de cuentas. Finalmente, el *nōkanshi* maquilla con esmerada delicadeza el rostro del difunto, previo paso a su introducción en el ataúd.

Los procesos de duelo, sin embargo, son mucho más dolorosos cuando el cuerpo del velado está ausente. Es lo que ocurre con las miles de personas que siguen enterradas en nuestras cunetas mientras sus familiares, que continúan luchando para poder darle fin a un duelo inacabable, se aferran a la ausencia de sus seres queridos con el objetivo de seguir recordándolos, de evitar que recaiga sobre ellos el peso del olvido. Ese aferrarse a la ausencia es también lo que sucede con los familiares de los niños robados o de las personas desaparecidas bajo diferentes manifestaciones del poder a lo largo de los años y en todo el mundo. En muchos de estos casos, la crueldad de la ausencia se manifiesta no solo a través de la repentina desaparición de las víctimas, sino de la permanente esperanza que provoca en sus familiares el hecho de no poder hallar sus cuerpos. Una esperanza que, desde fuera, se sabe irracional, pero que, desde dentro, se niega a marcharse. Eso es lo que sucede con los desaparecidos bajo los cárteles de la droga o las mafias de trata, que dirigen su odio y sus violencias, sobre todo, hacia las mujeres y sus cuerpos. La antropóloga Rita Laura Segato, que sustituirá el concepto de feminicidio por el de femigenocidio, dará cuenta de este especial ensañamiento y esta violencia sistemática contra las mujeres en una obra titulada, precisamente, *La guerra contra las mujeres*. Una violencia que no cesa una vez que se ha perpetuado el asesinato, sino que, al cargar de culpa a la víctima, se extiende todavía más allá de su propia muerte:

> Es parte de este proceso de digestión la acostumbrada doble victimización de la ya víctima, así como la doble y triple victimización de su familia, representada las más de las veces por una madre triste. [...] Así como es común que el condenado recuerde a su víctima con gran rencor por asociarla al desenlace de su destino y a la pérdida de su libertad, de la misma forma que la comuni-

dad se sumerge más y más en una espiral misógina que, a falta de un soporte más adecuado para deshacerse de su malestar, le permite depositar en la propia víctima la culpa por la crueldad con que fue tratada. Fácilmente optamos por reducir nuestro sufrimiento frente a la injusticia intolerable testimoniada, aduciendo que «debe haber una razón». Así, las mujeres asesinadas de Ciudad Juárez se transforman rápidamente en prostitutas, mentirosas, fiesteras, drogadictas y en todo aquello que pueda liberarnos de la responsabilidad y la amargura que nos inocula deparrnos con su suerte injusta.[21]

Dentro de la narrativa contemporánea también encontramos varios casos de obras que intentan honrar a las personas desaparecidas —asesinadas— a manos de esos grupos armados cuyo poder parece exceder los límites del propio Estado. Así, por ejemplo, vemos que se habla de los feminicidios en la Argentina de la década de los ochenta en la obra *Chicas muertas*, de Selva Armada, que en realidad es una crónica medio novelada de los ase-

....

21 Rita Laura Segato, *La guerra contra las mujeres*, Madrid, Traficantes de Sueños, 2016, pp. 46-47.

sinatos reales de tres chicas; y, si caminamos hacia México, en la novela reciente *Niebla ardiente*, de Laura Baeza, también se aborda de fondo la cuestión de las desapariciones de mujeres, en este caso vinculadas con la trata y el tráfico de personas. En esta obra, su protagonista, Esther, cuya hermana Irene está desaparecida y ha sido dada por muerta tras una deficiente investigación por parte de la policía de su país, explica con las siguientes palabras la dificultad que supone para las familias tener que enfrentarse a la ausencia de quienes ya no están:

> Yo vine [a Barcelona] porque trataba de olvidar, no soportaba el Distrito Federal, odiaba cada espacio del departamento, mi colonia, los lugares por donde tenía que pasar a diario, que se nos hubiese perdido Irene. No sé cómo lo hace la gente a la que se le mueren los hijos, los hermanos, a los que les matan parientes o un día salen a trabajar y no regresan, nunca los encuentran. No sé cómo le hacen ellos, que no pueden dejar la casa porque es lo único que tienen, nadie les soluciona la vida ofreciéndoles trabajos del otro lado del mundo, y tienen que lidiar con regresar a un espacio donde falta alguien.

Esa gente conserva las habitaciones como el último día que pasaron ahí sus hijos.[22]

En las primeras páginas de *El libro de nuestras ausencias*, otro de esos libros que trata de rendir homenaje a los desaparecidos mexicanos, el escritor Eduardo Ruiz Sosa afirma lo siguiente: «México es un país esquizofrénico. Un país lleno de fantasmas. Este es un libro roto, de palabras rotas, voces quebradas, personajes que ya no están, pero tampoco se han ido»[23]. Es, en definitiva, un país lleno de ausencias.

Y es que, al final, la mayoría de las ausencias aparecen vinculadas con esas realidades negativas que ya hemos mencionado con anterioridad, con ese llanto, esa añoranza, esa impotencia o ese deseo incontrolable de ponerle fin a una situación adversa. La ausencia es un sentimiento que nos arrastra, una corriente fuerte de agua o de viento que nos empuja hacia atrás, que nos impide nadar

22 Laura Baeza, *Niebla ardiente*, Barcelona, Alfaguara, 2022, p. 66.
23 Eduardo Ruiz Sosa, *El libro de nuestras ausencias*, Barcelona, Candaya, 2022, p. 16.

hacia la orilla o caminar hacia nuestro objetivo, que nos hace hundirnos entre las olas o tropezarnos e impedir que nos levantemos mientras ella avanza su curso recta e impasiblemente, inalterable.

La sensación de ausencia, cuando tiene que ver con la vida, tiene también que ver con el paso del tiempo. Ausencia de los otros, que no vemos. Ausencia de lo lejano, ausencia de lo pasado. Pero la sensación de ausencia, cuando es resultado de la evocación de la muerte, tal y como ocurre durante los períodos dedicados al duelo, tiene que ver con la ausencia de tiempo. Con el tiempo detenido, arrebatado, quieto, robado. Con el tiempo que ya no está, con ese tiempo que es tiempo ausente. Se trata de un tiempo que formaba parte de nuestra presencia, de su potencialidad, y que ahora, tras su arrebatamiento, nos provoca una ausencia repentina. Una ausencia, la del otro, que nos obliga también a la reescritura de nuestra propia vida, a la reformulación de nuestra existencia. Por eso los procesos de duelo son tan importantes, porque nos permiten la reconciliación con el tiempo. Son procesos que se viven como un tránsito entre el futuro proyectado y el futuro que será, entre la vida pensada y la vida que será, ya marcada para siempre por la ausencia no prevista.

Memoria y olvido forman parte de un tándem de opuestos inseparables que, precisamente por ser inseparables, no pueden vivir el uno sin el otro, pues lo primero evita lo segundo y lo segundo, en cambio, borra lo primero. Sentimos la ausencia de los otros a través del esfuerzo de la memoria por recordar las presencias que fueron. Y son todas esas ausencias las que nos dan forma, las que permiten construir nuestra propia identidad. Aunque nos duela, también la ausencia de los otros nos permite seguir adelante, mantenernos en pie, construir un camino, avanzar, aunque sea a tientas y aunque sea mal. Es difícil imaginar una vida en la que no tengamos ningún recuerdo de lo que ya no existe. Por eso el alzhéimer es una de las enfermedades más crueles que, como seres humanos, podemos llegar a sufrir: porque actúa sobre nuestra memoria, la borra poco a poco y, lo que es peor, nos impide su reconstrucción. Las ausencias que sentimos desaparecen para dar paso al olvido, y, de ahí, a la nada. Nuestra mente se vacía mientras nuestro cuerpo sigue encadenado a las pulsiones fisiológicas más elementales: comer, beber, cagar.

La ausencia somos nosotros cuando ya no somos.

LA BELLEZA

Por desgracia, una antigua sentencia se confirma también en mí: que la dicha y la belleza no se juntan de un modo duradero.

J. W. Goethe, *Fausto*

Después de todo lo que hemos dicho, ¿de verdad nos resulta todavía posible hablar de la belleza de la ausencia? ¿Qué puede ser rescatado, para bien, de un concepto que surge cuando todo a nuestro alrededor se desmorona? Y, sin embargo, la ausencia también posee en su interior algo que nos atrae hacia ella, una especie de fuerza magnética inevitable. A través del sentimiento de ausencia recordamos a las personas a las que una vez amamos, los lugares que una vez habitamos, los tiempos a los que nos gustaría regresar. Vista desde la inmensidad del abismo que conforma el conjunto global de nuestra historia, la ausencia no es más que una parte natural de ese proceso mediante el cual se certifica el paso del tiempo, y recordar aquello que fuimos no siempre tiene que ser malo.

Mi padre solía contar que la casa de mis abuelos estaba habitada por los fantasmas de las generaciones pasadas. Se trata de algo que decía de broma, pero solo mi madre, mis hermanos y yo sabíamos que sus historias eran inventadas. Su talante serio, el hecho de tener estudios universitarios en una disciplina científica y su tremenda habilidad a la hora de contar historias provocaba que todo el mundo escuchase atentamente cada una de las palabras que salían por su boca. Cuando cuenta estas historias, sin embargo, su intención no es la de generar terror o pánico en quienes lo escuchan y creen en este tipo de narraciones extraordinarias, sino todo lo contrario: él lo narra todo con ternura, con amor. No hay que tener miedo de los muertos, dice, porque ellos no están ahí para asustarnos, sino para cuidarnos. Por la noche se hacen presentes y acuden a los pies de la cama para vernos, para recordarnos, para atendernos y protegernos. En *El jardín secreto*, el joven Dickon, fiel representación de la bondad más pura que jamás pueda existir, también nos habla sobre esta creencia compartida acerca del cuidado que nos profesan nuestros muertos. Lo hace cuando rememora las palabras que su madre repite al recordar a la fallecida señora Craven, cuyo espíritu parecía seguir vagando por la mansión de Misselthwaite para cuidar de su hijo enfermo:

> La señora Craven fue una joven dama muy adorable. Y madre cree *quella* muchas veces anda por Misselthwaite *pa* cuidar del señorito Colin, que es lo *cacen* las madres cuando abandonan este mundo. *Tién* que volver, ya sabes. Quizá ella ha *estao nel* jardín, y quizá fue ella la que hizo que nos pusiésemos a trabajar y nos dijo que lo trajésemos aquí.[24]

La sorprendente recuperación de Colin, un niño de apenas diez años que parecía condenado a una muerte temprana, se le atribuye en el libro a su contemplación del jardín, a la magia que parece

---

24 Frances Hodgson Burnett, *El jardín secreto*, España, Alma, 2023, p. 212. Las palabras en cursiva pretenden imitar, en la traducción de la edición citada del libro, el dialecto propio de Yorkshire, región ubicada en el norte de Inglaterra.

inundarlo todo cuando se cruzan los muros que lo cercan. Sin embargo, Dickon le hace saber a Mary, prima de Colin, que, tal vez, como dice su madre, haya sido el espíritu de la difunta señora Craven quien los haya guiado hasta allí, hasta ese jardín repleto de magia, conocedora de los efectos curativos que ese espacio podría tener en la vida de su hijo moribundo.

Los espíritus de los familiares fallecidos se juntan en las casas de los vivos y se hacen compañía unos a otros mientras observan el devenir de los que todavía no se han transformado en ausencia. «Y eso es bonito», solía decir mi padre. Es bonito porque significa que, a pesar de todo, a pesar de nuestro olvido o del espacio cada vez más breve que va quedando en nuestra memoria para los muertos que, en el tiempo, están ya lejos, ellos siguen viniendo cada noche a velar por nosotros. No son pocas las personas que, con el paso de los años, han fallecido en aquella casa familiar, y tal vez por eso hay tanto ruido allí por las noches. Pero el ruido no lo provocan solo ellos, sino también las voces de todos aquellos otros familiares que, habiendo fallecido en lugares distintos, han logrado encontrar el camino de regreso a casa y, de este modo, han podido volver a juntarse con sus seres queridos. Una vez mi padre nos contó que, entre todas aquellas voces, también escuchaba el llanto de una niña pequeña, un llanto que él no podía recordar a quién podría pertenecer. Pero un día, de repente, le vino a la memoria una de esas fotografías de difuntos que se solían tomar mucho tiempo atrás, una fotografía en la que salía retratada una niña fallecida tras apenas unos meses de vida, una hermana de su madre a la que él nunca llegó a conocer. Ella era la niña que lloraba.

Otra de las personas que también falleció en aquella casa familiar fue mi abuela, la madre de mi padre, y, en aquel momento, él no pudo ocultar el malestar que le provocó la rapidez con la que retiraron de la cama el cuerpo inerte de su madre para llevarlo al tanatorio, sin darle apenas tiempo a su espíritu a salir de él. Se mostraba preocupado por el hecho de que ella, ya ausente, no pudiese encontrar después el camino de vuelta a casa para reunirse con sus familiares, aquellos mismos que, noche tras noche, velaban por sus vivos a los pies de la cama. Tras pasar un tiempo inquieto debido a este suceso, un día mi padre se mostró ya más tranquilo: nos confirmó que su madre ya estaba allí, con ellos, entre ellos, formando parte de aquellas ausencias presentes que, incluso más allá de la vida, deciden que todavía no ha llegado el momento de marcharse. Aunque nosotros sabíamos que sus historias eran siempre ficticias, recuerdo que la narración de esta pérdida me desconcertó ligeramente. Y por un instante, tan solo por un instante, llegué a pensar que tal vez él, en el fondo, a base de repetir sus cuentos, había decidido que ya iba siendo hora de comenzar a creer en ellos.

No sé hasta qué punto he tergiversado en esta narración las historias de mi padre, no sé hasta qué punto las historias que contamos van transformándose en ficción y distanciándose cada vez más de la realidad a medida que se narran, a medida que se transmiten de unas personas a otras, se repiten una y otra vez y se alejan del tiempo en el que tuvieron lugar o fueron contadas en un primer momento. No sé cuánto puede quedar en mi memoria de la primera versión de aquellas historias que ahora, aquí, tantos años después de haberlas escuchado, trato de plasmar por escrito. Probablemente mi recuerdo esté repleto de elementos impostados, de imágenes inventadas y de situaciones que nunca sucedieron. Podría preguntarle a mi padre acerca de estas historias que nos contó hace años, pero temo que eso acabe con la magia que ahora, en mis recuerdos, todavía poseen; temo que las historias sean totalmente distintas a como permanecen en mi memoria, o, peor aún, que ellas ni siquiera existan. En cualquier caso, eso es algo que no tiene ya importancia. Porque, al final, lo que realmente importa es que las historias de mi padre sobre los fantasmas de su familia son historias en las que él, sin saberlo, exponía ese lado amable que tiene la ausencia, aquel que te hace recordar, con más amor que nostalgia, a aquellas presencias que ya han dejado de serlo. Y eso es algo que forma parte de la belleza de la ausencia: su capacidad para grabarnos, a través de lo que ya no está, una sonrisa inconsciente en nuestro rostro, aunque esta dure apenas unos segundos y nadie pueda llegar a percibirla.

En la Grecia clásica, el ideal de belleza relacionaba lo bueno con lo bello (*kalokagathia*), algo que ya hacía Platón al ver en la belleza uno de los pasos del proceso mediante el cual el alma se eleva hacia la verdad. La belleza como reflejo sensible de un orden intelectual e ideal que es fruto de la actividad del Demiurgo. Si el sentimiento de ausencia viene provocado por el recuerdo de lo bueno, de los momentos felices, ¿quién se atreve entonces a decirnos que la ausencia no tiene nada que ver con la belleza? A lo largo de la historia del pensamiento, se ha dicho de lo bello tanto que es una cualidad del objeto como un sentimiento interno propio del sujeto, así como una suerte de nuevo sentido que nos permite distinguir, de manera intuitiva, aquello que es bello. Para Kant, cuando hablamos de lo bello no podemos referirnos a ningún tipo de propiedad que se encuentre en el objeto mismo que observamos; en cambio, para un autor como Baudelaire, lo bello se compone siempre de dos elementos: un elemento eterno, que permanece y es siempre reconocible, es decir, que está siempre presente, y otro elemento que, a diferencia del anterior, va variando con el paso del tiempo. Así, lo bello, estando referido en cada época a algo distinto, es sin embargo reconocido como tal. Ya en el siglo XX, Theodor Adorno desligará la belleza del arte e introducirá en la reflexión artística el término de «estética negativa». Para él, la obra de arte es negativa porque no es un reflejo del mundo ni algo que nos deba indicar aquello que el mundo debe ser. Las obras de arte no solo no tienen por qué pertenecer al mundo empírico, sino que ni siquiera tienen que proporcionar placer: por eso son negativas. Son, para Adorno, promesas de placer o de felicidad quebrada, elementos que, teniendo la posibilidad de servir como altavoces para criticar el mundo, están totalmente alejados de él, de tal modo que esas críticas, lejos de servir para cambiar la realidad, acaban configurándose como mera ilusión, como ficciones incapaces de cambiar el estado real de las cosas.

Tal vez haya quien piense que la relación entre belleza y ausencia solo puede ser analizada de manera negativa, como elementos opuestos incapaces de compartir un mismo espacio. Tal vez solo pueda ser bello aquello que está presente; tal vez un análisis estético del concepto de ausencia solo pueda ser llevado a cabo a partir de una estética negativa, pues la ausencia, igual que el arte para Adorno, ni suele proporcionar placer ni pertenece al mundo empírico desde un punto de vista presente, simplemente porque la ausencia siempre debe su razón de ser a aquello que ya no es. Y, a pesar de todo, observamos en la ausencia algo que nos atrapa. Sentir la ausencia nos permite mantenernos vivos, recordar el tiempo ausente nos sirve para poner en perspectiva toda nuestra vida, toda nuestra historia. Aquello que somos. Porque, al final, lo que nos moldea y da forma no es solo nuestra presencia, sino también las ausencias que habitan nuestro pasado y pueblan nuestros recuerdos. Recuerdos que, en los momentos en los que sentimos la insoportable levedad de nuestro cuerpo, se hacen presentes para venir a auxiliarnos.

En otro de mis discursos de graduación, dije con sinceridad que, como profesor, mi tarea no solo se limita a explicar y enseñar, sino también a ayudar, a escuchar, a estar. Simplemente a eso: a estar ahí. Porque, en ocasiones, lo único que alguien necesita, incluidos aquellos alumnos que tantas veces se sienten perdidos, es una presencia, una presencia que escuche, una presencia que, aunque permanezca callada, trate de comprenderte y no se tome a broma aquello que te quema por dentro. Y a pesar del aprecio, del tiempo compartido, de los buenos y malos momentos, como profesor hay algo que siempre tengo claro: que, al final, el instituto no es más que otra de las muchas etapas vitales a las que nos enfrentamos a lo largo de la vida. Son etapas que, una vez transcurridas, se convierten ya en ausencia. Y después, cuando llegue la despedida, por mucho esfuerzo que uno tenga que hacer para acostumbrarse a la ausencia de aquellos a quienes durante los últimos años ha visto crecer, con todo lo que ello implica —verlos sonreír, verlos llorar, verlos sufrir—, lo único que queda es aceptar que, a pesar del espacio tan grande que ocupen en nuestras vidas, hemos de dejarlos ir. Y así la presencia se anula y se convierte en un recuerdo de algo que, una vez, nos hizo felices.

Entre otras cosas, la ausencia feliz implica la aceptación del paso del tiempo como algo necesario, la aceptación de que no tenemos por qué mirar siempre hacia atrás con el deseo oculto de viajar al pasado, de retroceder en el tiempo y volver a vivir una experiencia anterior. Es una ausencia que toma distancia con respecto a la nostalgia, porque, a pesar de que evoque un momento pasado, esa evocación toma la forma de un recuerdo alegre, capaz de reconfortarnos. Un recuerdo de un momento que, aunque no vaya a repetirse, te alegras de haber vivido. En un viaje de fin de curso que realicé junto a mis alumnos a Italia, uno de ellos nos preguntó, a otra profesora y a mí, por nuestros momentos felices, por esos momentos que, a pesar de haber ya sucedido y no poder revivirlos, nos alegrábamos de que hubiesen tenido lugar. No recuerdo exactamente qué le respondí, pero sí recuerdo que aquel viaje pasó a formar parte de ellos.

Es posible que la belleza acabe encontrándose en las vivencias del pasado, que solo podemos manifestar a partir de la ausencia que sentimos en el presente. En la novela de Goethe, el pacto entre Fausto y Mefistófeles llegará a su fin cuando aquel, plenamente satisfecho con su vida y sus recuerdos —y, en fin, con sus ausencias—, pronuncie, a modo de fórmula mágica, las palabras «detente, instante, eres tan hermoso»[25]. En las últi-

---

25 J. W. Goethe, *op. cit.* En la traducción de la obra citada, esas palabras son «detente, pues, ¡eres tan bello!».

mas páginas de la obra, al final de su existencia, un Fausto ya mayor echa la vista atrás y, sintiéndose absolutamente feliz tras haber alcanzado el gozo máximo, decide poner fin a su acuerdo con el diablo aun sabiendo que ese fin le acabará condenando al infierno.

Y es que la ausencia es, también, el recuerdo de una belleza anterior.

LA AUSENCIA QUE SEREMOS

Tendrán que disculparme esta escena, primero fasti-
diosa, después terrible. La olvidaremos.

Adolfo Bioy Casares, *La invención de Morel*

No se me ocurre nada que aglutine mejor todos los tipos de ausencia que la experiencia de la guerra. La ausencia existencial, la ausencia cruel, la ausencia incierta; la ausencia del pasado, la ausencia del porvenir, la ausencia del tiempo. La ausencia de la ausencia: al final, el olvido. ¿Cuántos tipos de ausencia hay, cuántas formas de sentirla, de vivirla, de serla? Sean las que sean, en la guerra parecen encontrar todas ellas su lugar de encuentro: solo en un terreno hostil puede una negación encontrarse con sus semejantes; solo en una tierra arrasada puede la ausencia dar cuenta de sí misma, conjugar todos los fragmentos que le dan forma. La ausencia existencial de quienes la sufren, la ausencia de quienes solo viven el presente porque son presente puro. El sentimiento de ausencia de los otros, que es recíproco: de los que están en las trincheras hacia los que no; de los que no hacia los que sí. La ausencia que sienten los familiares y amigos, que reviven cada día en los salones de sus casas la no presencia de quien se ha marchado a vivir inciertamente, o a morir. Una ausencia incierta que, de rebote, les impide también a ellos proyectarse hacia el futuro de una manera plena. La vida envuelta en una existencia eternamente provisional. La ausencia del tiempo, que parece que no pasa, que no acaba nunca y que cuando acaba, lo hace para siempre: para poner la primera piedra en la construcción de una ausencia que tal vez dentro de poco sea ya olvido.

La guerra implica también la negación de la presencia del otro, la transformación de ese otro desconocido en ausencia pura. En un no-ser impersonal, inhumano, intangible. En la guerra, cuando se habla del enemigo, éste no tiene nombre ni rostro. El enemigo es anónimo, un otro que se opone a un nosotros, y eso hace más fácil la batalla. En *Tempestades de acero*, Ernst Jünger cuenta que, en un momento dado, se encontró cara a cara frente a uno de esos enemigos sin rostro, y éste, en un último y desesperado intento por salvar su vida, decidió echarse la mano al bolsillo para sacar una fotografía de su familia. En ese momento, de golpe, aquel enemigo pasó a adquirir una historia, una vida, una identidad. Y, a través de esa imagen, el enemigo se convirtió en presencia pura, una presencia que lo humanizaba. Jünger lo describe así: «Con un quejido metió una mano en un bolsillo, pero lo que de él sacó no fue un arma, sino una fotografía; me la puso delante de los ojos. Miré la fotografía y en ella vi a aquel hombre de pie en una terraza, rodeado de una numerosa familia»[26].

Algo similar ocurre con Paul Bäumer, el protagonista de *Sin novedad en el frente*. Tras acabar con la vida de uno de sus enemigos, se dirige al muerto y, arrepentido por lo que acaba de hacer, comienza a hablarle, le suplica que tome veinte años de su vida y se los quede para él. Esa persona,

....

26 Ernst Jünger, *Tempestades de acero*, Barcelona, Tusquets, 1998, p. 137.

sin embargo, todavía no tiene nombre ni historia. Pero Paul comete un error tremendo: rebusca en la cartilla de su víctima y ahí averigua su nombre, encuentra las fotografías de su familia, lee las cartas que le ha escrito su mujer. Y es entonces cuando se viene abajo; él mismo ya sabía, antes incluso de rebuscar entre sus cosas, que esto es lo que iba a suceder: «mientras no sepa su nombre, quizá todavía pueda olvidarle (…). Pero su nombre se me clavará en la memoria y ya no podré desprenderme de él jamás. Tendrá la fuerza de evocarlo todo, de revivirlo, de presentármelo ante los ojos»[27]. Y, a pesar de todo, decide abrir su cartilla y leer su nombre, dar el paso que lo condenará a la angustia, a esa situación límite para la que no hay liberación posible. Antes de leer el nombre, sin embargo, unas fotografías caen del interior de la cartilla y se esparcen por el suelo. Ese insoportable dolor que siente se acrecienta todavía más cuando se ve obligado a observarlas. En ellas, los rostros de una mujer y una niña pequeña le recuerdan

....

27 Erich Maria Remarque, *Sin novedad en el frente*, Barcelona, Navona, 2022, pp. 194-195.

la atrocidad de sus actos, y cada una de las palabras que logra descifrar de entre las cartas que las acompañan «me atraviesa el pecho como una bala, como una puñalada»[28]. Finalmente lee el nombre del muerto, Gérard Duval, y jura que vivirá siempre para él y su familia. Solo así logrará alcanzar su propia redención.

George Orwell se basó en su experiencia personal —su presencia— en la Guerra Civil Española y en sus vivencias durante la II Guerra Mundial para construir sus dos últimas y más populares novelas, *Rebelión en la granja* y *Mil novecientos ochenta y cuatro*. Y sus escritos, igual que también ocurre con los del periodista Agustí Calvet Pascual —conocido popularmente como Gaziel—, están cargados de ese pesimismo propio de quien ha vivido de cerca el horror, de quien lo ha tocado con la mano. La guerra se hace presente y, paradójicamente, expande la ausencia a todos los rincones que roza con sus manos invisibles. Y, tras la experiencia de la guerra, cualquier forma de lenguaje anterior deja de ser válida, pues unos cuantos miles

---

28 Erich Maria Remarque, *op. cit.*, p 195.

de muertos no pueden ser olvidados. ¿Cómo es posible seguir escribiendo después de vivir en las trincheras, o después Auschwitz? La respuesta, en realidad, no parece muy difícil: tenemos que ser capaces de escribir después de Auschwitz precisamente para que Auschwitz esté siempre presente en nuestra memoria.

Para el ser humano, en cuya naturaleza parece habitar una temeraria tendencia hacia la confrontación, la aparición de un otro que se le opone se convierte en algo necesario para reafirmar su propia identidad. Mi presencia se ve amenazada por la tuya, y la única forma de evitar mi ausencia es provocando la del otro. Dos bandos enfrentados que solo se reconocen entre sí como alteridad. No como presencias, sino como ausencias. Ni siquiera eso: como nadas. A Jünger, sin embargo, le bastó con que ese otro le enseñase una fotografía de su familia, la última y tal vez más remota de las posibilidades por salvar la propia vida, para darse cuenta de que ese otro no es solo ausencia, sino también presencia. Alguien que hasta entonces no era más que un otro pasaba, de repente, a ser una presencia igual que yo. Antes no, antes era el enemigo, nada más que eso; y el enemigo nunca es persona: por eso es el enemigo. Y al enemigo, como reza el refrán, ni agua.

También en la guerra se ejemplifica de manera perfecta la ausencia que seremos, aquella en la que todos nos convertiremos antes de caer en el olvido. Pero los seres humanos, que somos cabezotas, nos empeñamos en seguir luchando contra ese olvido, en seguir manteniendo la memoria siempre activa. Tomamos los espacios públicos y edificamos en ellos nuestros memoriales de duelo, resignificamos los rincones más insospechados para convertirlos en lugares de culto dedicados al recuerdo, construimos altares para llorar y honrar a los muertos, escribimos cartas, poemas y dedicatorias a quienes ya no están, colocamos viejas fotografías en nuestras cómodas o en nuestras mesillas de noche para sentir la eterna presencia de quienes ya son solo ausencia. En tiempos de guerra, construimos monumentos para rendir homenaje a los caídos y grabamos en ellos sus nombres para que todo el mundo pueda leerlos y, en cierto sentido, recordarlos, aunque no conozcamos de ellos nada más que lo que podemos imaginar a partir de dos o tres palabras inscritas en un trozo de mármol o una chapa de metal.

Hace un tiempo, un compañero de trabajo me contó que, cuando se levantan algunos de estos monumentos bélicos en Estados Unidos, en ocasiones se colocan sobre sus bases placas vacías en las que poder grabar los nombres de los fallecidos en las guerras futuras. Este acto, tan aparentemente inocente, es sin embargo fruto de ese pesimismo existencial tan propio del imaginario estadounidense. Existe, de hecho, una cierta continuidad, una coherencia macabra e inconscientemente lógica entre la pasión por las armas de los estadounidenses y ese pesimismo existencial tan fascinante que les hace dejar en blanco parte de esas placas que habitan las bases de sus monumentos. En vez de deshacerse de las armas, las guardan y las amontonan para estar preparados ante el advenimiento de un conflicto que aún no ha comenzado, pero que creen inevitable y aceptan sin resignación.

Llegados a este punto, ya no sé qué más puedo decir para no seguir redundando una y otra vez en lo mismo. Y, sin embargo, siento que este libro no estará nunca acabado; que, cuando ponga su punto final, siempre necesitaré volver a él para seguir escribiendo: la escritura como método redentor, como liberación. Hay tantas ausencias de las que me gustaría hablar, tantas carencias, tantas personas que han ido quedando atrás. A veces siento que camino sin cesar hacia la ausencia que seré, que lucho contra el tiempo tratando en vano de hacerme vivo en él; siento, también, un absoluto empequeñecimiento solo de pensar que el mundo continuará estando ahí el día después de mi marcha. Y a medida que van pasando los años y el pasado va quedando —necesaria e irremediablemente— atrás, siento crecer en mí el sentimiento de ausencia. Se trata de un sentimiento que evoca una presencia que, como decía Lefebvre, puede ser una cosa, una persona, un acontecimiento. Un momento, un instante, apenas un segundo.

En una novela titulada *Lo único que le interesa a la gente*, escrita por François Blais y cuya trama transcurre a finales del siglo XXI, un grupo de científicos descubre que los autómatas que ellos mismos han creado, una vez que logran alcanzar un grado de sintiencia equivalente al de los seres humanos, deciden, todos sin excepción, suicidarse, pues son incapaces de encontrar en el mundo algo que les permita aferrarse a la vida, algo que le aporte sentido a la existencia. Sin embargo, a diferencia de los autómatas de la novela, que son seres puramente intelectuales, los humanos también guiamos nuestras acciones por los impulsos vitales, por los afectos, por una voluntad de vivir que tiene mucho que ver con aquella voluntad de sentido que mencionaba Viktor Frankl y que nos conduce a pensar que todavía existe algo aquí que otorga un cierto significado a nuestros actos, algo que todavía nos ata a la vida. Ese algo tal vez sea la presencia de los otros; o, tal vez, como se menciona en la novela de Blais, esa voluntad de sentido no sea «otra cosa que la pulsión que nos empuja a transmitir nuestro bagaje genético a la siguiente generación»[29], una carencia biológica de la que los androides adolecen. Parecemos justificar la propia vida a través de la presencia de los otros; en este caso, le otorgamos sentido a nuestra existencia a través de la presencia de aquellos que, biológica-

29 François Blais, *Lo único que le interesa a la gente*, Sevilla, Barrett, 2023, p. 144.

mente, dependen de nosotros para existir, para ser. No tengo hijos; probablemente nunca los tendré. Mi herencia biológica acaba conmigo. ¿Significa eso que mi camino hacia la ausencia, o, peor aún, hacia el olvido, es inevitable? Y, en cualquier caso, fuera de eso, ¿qué nos queda? ¿Y si ellos, los androides de la novela, tienen razón? Si en el fondo la ausencia de sentido es lo único que hay, ¿para qué vivir? Quizá sea esta la reflexión a la que también llegó el autor mientras daba forma a la que sería su última novela: François Blais decidió quitarse la vida apenas un año después de que su manuscrito viese la luz.

Parece que nuestros pensamientos no dejen nunca de girar sobre conceptos que forman parte de la misma familia, que se atraen y entremezclan sin cuidado: dolor, olvido, sentido, angustia, insignificancia, pequeñez, ausencia. Hay tantas maneras en las que la ausencia puede concebirse que parece mentira que podamos siquiera hablar sobre ella. Una palabra, ausencia, que no representa más que esa minúscula mota de polvo que queda flotando en el aire cuando nos marchamos, ese poso que subsiste cuando dejamos de ser. Sombras que permanecen más allá de la presencia a la que se lo deben todo, como ocurre con la sombra de Peter Pan en la película de Disney, que se separa del cuerpo que le da forma y persiste, corretea, se escapa, huye, se esconde entre los más recónditos recodos de la vida para evitar que la atrapen, para seguir siendo libre, para no desaparecer.

De vez en cuando, suelo enviarle a mi madre los textos que escribo para que ella les eche un vistazo. En una ocasión, siendo yo todavía estudiante universitario, le envié un relato breve al que titulé *La caja de música*. En aquel cuento, el protagonista trataba de encontrar, por todos los medios, una pequeña cajita de música que antaño había pertenecido a su abuela, una cajita en la que una bailarina se movía al son de una música desconocida mientras, de fondo, se observaba un paisaje adornado por un viejo castillo. Al final del relato, sin embargo, el protagonista se daba cuenta de que nunca lograría encontrar aquella caja. Y, aunque lo lograse, lo cierto es que ya daría igual. El relato acababa con las siguientes palabras: «si alguna vez volviese a encontrarme esa cajita, ya no sería la misma. Pondría la llave en la cerradura y no haría clic. La tapa se abriría pero no sonaría ninguna música. La bailarina no se movería porque no habría ninguna melodía que bailar. Y, donde antes estaba el castillo, no quedarían más que ruinas».

Después de leerlo, mi madre no tardó en responderme a través de un correo electrónico en el que me preguntaba que de dónde vendría esa obsesión que parecía tener con el olvido. Y entonces me contó una historia de cuando yo era pequeño. Me contó que, cuando apenas contaba cuatro o cinco años, mientras paseaba con mi padre por la zona del castillo que hay en mi ciudad, le pregunté que dónde estaban los caballeros que tenían que vivir allí, que por qué no se veían nunca ni las puertas estaban nunca abiertas. Lejos de imaginar una historia que pudiese apaciguar mi curiosidad, mi padre decidió ser sincero conmigo, y me respondió que ahí ya no vivía ningún caballero. ¿Por qué no?, insistí yo. Porque se han muerto todos, dijo él. Y entonces yo, como haría cualquier niño pequeño, seguí insistiendo. Mi padre no supo qué responderme, pero yo continué atando cabos. ¿Todos mueren?, pregunté. Y él me dijo que sí, que, al final, todos morían. Y entonces le hice la pregunta que él temía: ¿tú también te vas a morir? Sí, me respondió, yo también me voy a morir. Pero no ahora, no te preocupes. Aún falta mucho tiempo.

Después de aquello, cuando todavía no se le había pasado el susto, mi padre le contó a mi madre la conversación que habíamos tenido. Estuvieron toda la tarde observándome, a ver si me veían triste. Pero no lo estaba, porque al fin y al cabo yo era solo un niño. Al parecer, se me había olvidado.

Para algunas cosas, sin embargo, mucho tiempo siempre es poco.

REFERENCIAS BIBLIOGRÁFICAS

Baeza, Laura (2022). *Niebla ardiente*. Barcelona: Alfaguara.

Barrie, J. M. (2020). *Peter Pan*. España: Alma.

Blais, François (2023). *Lo único que le interesa a la gente*. Sevilla: Barrett.

Darwish, Mahmud (2011). *En presencia de la ausencia*. Valencia: Pre-Textos.

Delbo, Charlotte (2021). *Ninguno de nosotros volverá*. Barcelona: Libros del Asteroide.

Frankl, Viktor (1991). *El hombre en busca de sentido*. Barcelona: Herder.

Gainza, María (2018). *La luz negra*. Barcelona: Anagrama.

Goethe, Johann Wolfgang (2011). *Fausto*. Madrid: Cátedra.

Hodgson Burnett, Frances (2023). *El jardín secreto.* España: Alma.

Jünger, Ernst (1998). *Tempestades de acero.* Barcelona: Tusquets.

Kierkegaard, Sören (2007). *El concepto de la angustia.* Madrid: Alianza.

Lahoz, Mayka (2022). *La trama de la memoria.* Barcelona: Tusquets.

Lefebvre, Henri (1983). *La presencia y la ausencia. Contribución a la teoría de las representaciones.* México D.F.: Fondo de Cultura Económica.

López Trujillo, Noemí (2019). *El vientre vacío.* Madrid: Capitán Swing.

Maillard, Chantal (2021). *La razón estética.* Barcelona: Galaxia Gutenberg.

Morey, Miguel (2015). *Pequeñas doctrinas de la soledad.* Madrid: Sexto Piso.

Orwell, George (1981). *Subir a por aire.* Barcelona: Destino.

Remarque, Erich Maria (2022). *Sin novedad en el frente.* Barcelona: Navona.

Ruiz Sosa, Eduardo (2022). *El libro de nuestras ausencias.* Barcelona: Candaya.

Sánchez-Carretero, Cristina (coord.) (2011). *El archivo del duelo*. Madrid: CSIC.

Segato, Rita Laura (2016). *La guerra contra las mujeres*. Madrid: Traficantes de Sueños.

Țîbuleac, Tatiana (2017). *El verano en que mi madre tuvo los ojos verdes*. Madrid: Impedimenta.

AGRADECIMIENTOS

A Héctor Escobar y a Gustavo Martín Garzo, por la confianza depositada en este breve ensayo. A mi familia, por el apoyo constante; especialmente a mi madre, primera y principal lectora y revisora de este texto. A aquellos amigos que, de una forma u otra, han mostrado interés por este libro antes de que viese la luz, lo han leído y han compartido sus opiniones conmigo; ellos saben quiénes son.

Y aunque no sea un agradecimiento en sí mismo, me gustaría dedicar este libro a todas aquellas personas que, encontrándose lejos, habiendo quedado ya atrás o siendo su presencia en mi vida algo por desgracia cada vez más circunstancial, me han enseñado a valorar esas pequeñas alegrías que el tiempo, en su devenir constante, me ha acabado revelando como tales. Son esas personas las que me han permitido darme cuenta de dónde radica la belleza de la ausencia: en el recuerdo feliz de quienes han pasado por nuestra vida dejando unas huellas que ya no se pueden llegar a borrar; en el recuerdo, en fin, de aquellos momentos que, a pesar de no poder llegar a revivirse, nos acaban grabando una sonrisa en la cara cuando tratamos de evocarlos. Gracias especialmente a mi amiga Sandra, que me sostuvo en algunos de mis peores momentos y de quien las propias circunstancias de la vida y el inevitable paso del tiempo me han ido distanciando poco a poco; y a mis amigos y compañeros del Incipit, en Santiago de Compostela. Allí pasé los mejores años de mi vida y, sin ellos, tal vez hoy no podría ni siquiera imaginar en qué consiste la belleza de la ausencia.

Decía el escritor Mahmud Darwish que la nostalgia es una cicatriz en el corazón. La nostalgia es, además, la marca de un lugar que permanece vivo en la memoria. Con la ausencia ocurre algo parecido: cada una de nuestras más amadas ausencias es una cicatriz en el corazón que nos acompañará de por vida para recordarnos, de algún modo, la belleza de una presencia anterior. Porque incluso en lo más insospechado es posible encontrar belleza.

Al final de *Las aventuras de la abeja Maya*, Waldemar Bonsels describe el sentir de la abeja reina con estas palabras: «Y sonrió para sí, melancólica y llena de anhelo, como sonríe la gente que aspira a la belleza».

Aspiremos siempre nosotros, pues, a la belleza, se encuentre donde se encuentre. Busquémosla en todas partes, incluso donde parece que nunca la hallaremos. También en las cicatrices. Y, por supuesto, en el recuerdo de aquellos que, en nuestra memoria, ya no son más que ausencia.

Colección
DE LA BELLEZA